मैं
महावीर
बोल
रहा
हूँ

AF833821

संसार के सर्वश्रेष्ठ महापुरुषों में भगवान् महावीर का नाम बड़े सम्मान के साथ लिया जाता है। भगवान् महावीर थे अहिंसा के सर्वोच्च प्रवक्ता, एक युगपुरुष, एक ऐसे युगद्रष्टा थे, जिन्होंने मानव कल्याण हेतु अपना जीवन समर्पित कर दिया।

महावीर जैन धर्म में वर्तमान अवसर्पिणी काल के चौबीसवें तीर्थंकर हैं। भगवान् महावीर का जन्म करीब ढाई हजार साल पहले वैशाली के गणतंत्र राज्य क्षत्रिय कुंडलपुर में हुआ था। महावीर को 'वर्धमान', 'वीर', 'अतिवीर' और 'सन्मति' भी कहा जाता है।

तीस वर्ष की आयु में गृह त्याग करके, उन्होंने एक लँगोटी तक का परिग्रह रखा। हिंसा, पशुबलि, जात-पाँत का भेदभाव जिस युग में बढ़ गया, उसी युग में भगवान् महावीर का जन्म हुआ। उन्होंने दुनिया को सत्य व अहिंसा का पाठ पढ़ाया। तीर्थंकर महावीर स्वामी ने अहिंसा को उच्चतम नैतिक गुण बताया। उन्होंने दुनिया को जैन धर्म के पंचशील सिद्धांत बताए, जो हैं—अहिंसा, सत्य, अपरिग्रह, अचौर्य (अस्तेय) और ब्रह्मचर्य। भगवान् महावीर ने अपने उपदेशों और प्रवचनों के माध्यम से दुनिया को सही राह दिखाई और मार्गदर्शन किया।

भगवान् महावीर के अनमोल वचन न केवल प्रेरक हैं, अपितु मानव मात्र के लिए अनुकरणीय भी हैं। विचारों की ऐसी रत्न-मंजूषा है यह पुस्तक, जो पाठकों के जीवन-पथ को आलोकित कर देगी।

❖ ❖ ❖

दुलीचंद जैन जैन-दर्शन एवं जीवन-शैली के प्रख्यात लेखक हैं; प्रमुख पुस्तकें हैं—जिनवाणी के मोती, जिनवाणी के निर्झर (हिंदी एवं अंग्रेजी), Pearls of Jaina Wisdom, Universal Message of Lord Mahavira.

इन ग्रंथों में उन्होंने जैन आगम पर आधारित मानवीय जीवन-मूल्यों का विशद विवेचन किया है। उनके लेख अनेक प्रसिद्ध पत्र-पत्रिकाओं में प्रकाशित होते रहते हैं।

यूनाइटेड राइटर्स एसोसिएशन ने उन्हें 'जीवनपर्यंत उपलब्धि पुरस्कार' प्रदान किया है। सन् 2013 में वे विश्व जैन महापरिषद् मुंबई से सम्मानित हुए। उन्हें Federation of Jain Associations of North America ने सन् 2001 में शिकागो में आयोजित विश्व सम्मेलन में जैन धर्म पर दो व्याख्यान देने के लिए आमंत्रित किया था।

वे करुणा अंतरराष्ट्रीय के चेयरमैन हैं, विवेकानंद एजुकेशनल सोसाइटी के उपाध्यक्ष, विवेकानंद एजुकेशनल ट्रस्ट के अध्यक्ष तथा विवेकानंद विद्या कला आश्रम के ट्रस्टी भी हैं। वे जैन विद्या शोध संस्थान के 14 वर्षों तक सचिव रह चुके हैं।

दूरभाष : 9444047263

इ-मेल : dcj.chennai@gmail.com

मैं
महावीर बोल रहा हूँ

दुलीचंद जैन 'साहित्यरत्न'

प्रभात
पेपरबैक्स
www.prabhatbooks.com

प्रकाशक

प्रभात पेपरबैक्स

4/19 आसफ अली रोड, नई दिल्ली–110002
फोन : 23289555 • 23289666 • 23289777 ❖ फैक्स : 23253233

इ–मेल : prabhatbooks@gmail.com ❖ वेब ठिकाना : www.prabhatbooks.com
संस्करण

प्रथम, 2017

अ.मा.पु.स. 978-93-86300-21-8

MAIN MAHAVEER BOL RAHA HOON

by Dulichand Jain 'Sahityaratna'

Published by **PRABHAT PAPERBACKS**

4/19 Asaf Ali Road, New Delhi-110002

ISBN 978-93-86300-21-8

अनुक्रम

मनोनिग्रह

कर्म सूत्र

भावना (अनुप्रेक्षा) सूत्र

धर्म-मार्ग (आचार संहिता)

ध्यान-सूत्र

शिक्षा के सूत्र

विविध पद

उत्तराध्ययन सूत्र से दृष्टांत और कथाएँ

भगवान् महावीर का जीवन और संदेश

संसार के सर्वश्रेष्ठ महापुरुषों में भगवान् महावीर का नाम बड़े सम्मान के साथ लिया जाता है। कौन थे महावीर? अहिंसा के सर्वोच्च प्रवक्ता, एक युगपुरुष, एक ऐसे दृष्टा, जिन्होंने उस युग के इतिहास को बदल दिया। इसलिए कई बार ऐसी गलत धारणा प्रचलित हुई कि महावीर ही जैन धर्म के प्रवर्तक थे। मगर जैन धर्म की धारा उनके आविर्भाव से सहस्त्रों वर्ष पूर्व के चली आ रही थी। इस परंपरा के प्रथम तीर्थंकर थे—भगवान् ऋषभदेव, जिनकी गौरव गाथा भागवत आदि पुराणों में बड़ी श्रद्धा के साथ गाई गई है। श्रमण भगवान् महावीर उसी परंपरा के 24वें तीर्थंकर थे।

श्रमण भगवान् महावीर का जीवन अत्यंत प्रेरणादायक और उद्‍बोधक है। पिछले 2550 वर्षों से लाखों-करोड़ों व्यक्ति उनके जीवन और विचारों से प्रेरणा पाकर अहिंसा, शाकाहार एवं सदाचार का जीवन जीते आ रहे हैं। आज भी सारे भारतवर्ष में उनके लगभग एक करोड़ अनुयायी हैं। इस युग के सर्वश्रेष्ठ महापुरुष महात्मा गांधी उनके जीवन से अत्यधिक प्रभावित थे। उन्होंने महावीर के अहिंसा और सत्याग्रह के सिद्धांतों का राष्ट्रीय एवं सार्वजनिक जीवन में सफलतापूर्वक प्रयोग किया था।

जन्मकालीन परिस्थितियाँ

आज से 2500 वर्ष पूर्व का भारत विशेष परिस्थिति से गुजर रहा था। वह सामाजिक विषमता, धार्मिक अंधविश्वास और रूढ़ियों का युग था। धर्म का संबंध मनुष्य की आत्मा के साथ होता है, पर उस युग में धर्म को जाति के साथ जोड़ दिया गया था। एक वर्ग-विशेष ब्राह्मण के हाथों में धर्म के संपूर्ण अधिकार केंद्रित थे। वर्ण-व्यवस्था में, जो कर्म के आधार पर प्रारंभ हुई थी, अब विकृतियाँ आ गई थीं। शूद्रों को पतित एवं घृणित समझा जाता था, उन्हें धर्मस्थानों में जाकर धर्म-श्रवण करने का भी अधिकार नहीं था।

जन्म

इस प्रकार की विषम परिस्थितियों में महावीर का जन्म ईसा से 599 वर्ष पूर्व वैशाली गणतंत्र के कुंडलपुर नामक नगर में हुआ। उनके पिता का नाम सिद्धार्थ एवं माता का नाम त्रिशला था। लिच्छवी राजा सिद्धार्थ इसी नगरी के सुयोग्य शासक थे। माता-पिता ने बालक का नाम वर्द्धमान रखा। युवावस्था में माता ने आग्रह करके उनका विवाह महासामंत समरवीर की सुपुत्री यशोदा के साथ कर दिया। विवाह होने के उपरांत भी वे सांसारिक जीवन से अनासक्त थे। वे घंटों ध्यान में निमग्न रहते। तीस वर्ष की पूर्ण यौवनावस्था में संसार के सभी प्रकार के भोगों को त्याग कर वर्द्धमान ने श्रमण दीक्षा ग्रहण की।

साधना का मार्ग

श्रमण भगवान् महावीर ने साढ़े बारह वर्षों तक आत्मा की दिव्य साधना की। सुख, समृद्धि एवं वैभवगत आसक्तियों को त्यागकर अकिंचन बन, वे सत्य की साधना में निरंतर लीन रहे। उनका दिव्य एवं भव्य संयमी जीवन साधनामय जीवन का उत्कृष्टतम उदाहरण है। इस जीवन का प्रत्येक पृष्ठ समता, सहिष्णुता, परदुःखकातरता, त्याग, तपस्या, ध्यान और अभय की भावना से ओत-प्रोत था। उन्होंने यह दीर्घ साधना-काल मौन, आत्म-चिंतन, आत्म-पर्यालोचन, उग्र ध्यान एवं उत्कृष्ट संयम की आराधना में व्यतीत किया। इस साधना-काल में उनपर अनेक विपत्तियाँ एवं उपसर्ग आए। प्राकृतिक, मानवीय एवं दैवी संकटों के प्राणघातक तूफान प्रलयकाल की तरह घिर-घिरकर आए, पर वर्द्धमान ने अदम्य साहस, अपराजय संकल्प एवं आत्म-बल के सहारे उनका डटकर मुकाबला किया। उन्होंने अपूर्व कष्ट-सहिष्णुता, क्षमा और तितिक्षा का आदर्श उपस्थित किया।

अनिकेत चर्या

महावीर कभी निर्जन झोंपड़ी, धर्मशाला, प्याऊ या लुहार की शाला में रहते। कभी मालियों के घरों में, कभी शहर में, कभी श्मशान में रहते तो कभी उद्यान या सूने घरों में या वृक्षों के नीचे रात्रि बिताते। ऐसे स्थानों पर रहते हुए वर्द्धमान को नाना प्रकार के उपसर्ग हुए। सर्प आदि जीव-जंतु उन्हें डस जाते, गिद्ध आदि पक्षी उन्हें काट खाते। दुराचारी मनुष्य उन्हें यातना देते, दुराचारिणी स्त्रियाँ उन्हें काम-भोगों के लिए सतातीं। पुरुष उन्हें मारते-पीटते पर वे समाधि में ही तल्लीन रहते तथा वहाँ से चले जाने को कहते पर अन्यत्र चले जाते।

साधना-काल का आहार

उनके भोजन के नियम बड़े कठोर थे। निरोग होते हुए भी वे मिताहारी तथा खान-पान में संयमी थे। मान-अपमान में समभाव रखते हुए वे भिक्षाचर्या करते थे तथा कभी दीन भाव नहीं दिखाते थे। भिक्षा में रूखा-सूखा, ठंडा, बासी एवं नीरस; जो भी आहार मिलता, वे शांत भाव के साथ ग्रहण करते। मात्र शरीर निर्वाह के लिए सूखे भात, मंथु, उरद का आहार करते। एक बार निरंतर आठ मास तक वे इसी प्रकार का नीरस आहार करते रहे। रसों में उन्होंने कभी आसक्ति नहीं दिखाई।

दुर्गम विहार चर्या

भगवान् ने दुर्गम लाढ़ देश की वज्रभूमि और शुभ्रभूमि दोनों में विहार किया। वहाँ उन पर अनेक विपदाएँ आईं। वहाँ के लोग उन्हें ताड़ित करते व पीटते। उन्हें खाने को रूखा-सूखा आहार मिलता। कुत्ते उन्हें चारों ओर से घेर लेते तथा कष्ट देते। ऐसे अवसरों पर विरले ही होते, जो कुत्तों से उनकी रक्षा करते। अधिकांश तो उल्टे भगवान् को ही पीटते तथा ऊपर से कुत्ते लगा देते। अन्य साधुओं की तरह उन्होंने दंड-प्रयोग नहीं किया। दुष्ट लोगों के दुर्वचनों को उन्होंने क्षमा भाव से सहन किया।

अहिंसा की अमृत वर्षा

श्रमण महावीर सुवर्णबालुका नदी के पास कनकखल नामक आश्रम के पास से गुजर रहे थे। उन्होंने पीछे से आते हुए कुछ ग्वालों की भयाक्रांत आवाज सुनी। उन्होंने कहा, 'देव! आप रुक जाएँ, आगे न बढ़ें, इस रास्ते पर एक भयावह काला नाग रहता है, जिसने अपनी विष-ज्वाला से अनगिनत राहगीरों को भस्मसात् कर डाला है, हजारों पशु-पक्षी, पेड़-पौधे उसकी विषाग्नि में जलकर राख हो गए हैं।' महावीर दो क्षण रुक गए। उन्होंने अपना अभयसूचक हाथ ऊपर उठाया, जैसे संकेत दे रहे हो कि तुम घबराओ नहीं। गाँववालों ने उन्हें पुनः समझाया पर महावीर धीर-गंभीर गति से आगे बढ़ते गए। उस नाग की बाँबी के पास एक प्राचीन देवालय था, वे वहाँ पहुँचकर ध्यान-मग्न हो गए।

जंगल में घूमता हुआ वह सर्प अपनी बाँबी के पास पहुँचा तथा वहाँ देवालय में एक मनुष्य को निश्चल देख आश्चर्यचकित हो गया। साथ ही उसे भयंकर क्रोध

आया। उसने अपनी विषमयी तीव्र दृष्टि से महावीर की ओर देखा, अग्निपिंड से जैसे ज्वालाएँ निकलती हैं, वैसे ही उसकी आँखों से तीव्र विषमयी ज्वालाएँ निकलने लगीं। साधारण मनुष्य तो उनमें जलकर खाक हो जाता पर महावीर पर उनका कोई प्रभाव नहीं पड़ा। उसने बार-बार उन पर प्रहार किया, पर महावीर अविचल ध्यान में निमग्न रहे। आखिर उसने एक तीव्र दंश उनके अँगूठे पर मारा। लेकिन वह भी निष्फल गया। उल्टे वहाँ से दूध की धारा बहने लगी।

महावीर का ध्यान अब पूर्ण हुआ। उन्होंने चंडकौशिक को उद्‌बोधन देते हुए कहा, 'चंडकौशिक! समझो! समझो! अब शांत हो जाओ। अपना क्रोध शांत करो।' महावीर के अमृत-वचन सुनकर नागराज का क्रोध पानी-पानी हो गया। वह विचारों में गहरा उतरा तो उसे जातिस्मरण ज्ञान प्राप्त हो गया। तीव्र क्रोध के कारण उसने पूर्वजन्मों में कितने-कितने कष्ट उठाए, यह उसे स्मरण हो आया। वह शांत होकर बार-बार उनके चरणों में लिपटकर क्षमा माँगने लगा। प्रात: काल गाँववालों ने यह दृश्य देखा तो वे आश्चर्यचकित हो उठे तथा प्रभु का गुणगान करने लगे। अहिंसा, अभय और मैत्री का यह एक ज्वलंत उदाहरण है। (त्रिषष्टिशलाकापुरुषचरित्र 10/3)

कानों में कील

साधना-काल के तेरहवें वर्ष में श्रमण महावीर छम्माणि गाँव के बाहर कायोत्सर्ग मुद्रा में खड़े थे। उसी समय खेतों में काम करता हुआ एक ग्वाला वहाँ अपने बैल लेकर आया। श्रमण को देखकर बोला, 'देव! जरा मेरे बैलों की देखभाल करना, मैं थोड़ी देर में आता हूँ।' यह कहकर वह गाँव चला गया। थोड़ी देर में वह वापस आया तो उसे बैल नहीं मिले। वे चरते-चरते कहीं दूर निकल गए थे। उसने महावीर से पूछा, 'देव मेरे बैल कहाँ गए?' महावीर तो मौन-ध्यान में तल्लीन थे। उत्तर कहाँ से देते। इस पर वह ग्वाला आग-बबूला हो गया। उसने फिर पूछा, 'ऐ ढोंगी बाबा! तुझे कुछ सुनाई देता है या नहीं?' महावीर ने कोई उत्तर नहीं दिया। उसने कहा, 'अच्छा, मैं तेरे कानों की चिकित्सा करता हूँ।' आवेश में मूढ़ ग्वाला जंगल में गया और वहाँ से किसी वृक्ष की दो पैनी लकड़ियाँ लीं और महावीर के कानों में ठोंक दी। उन्हें असह्य मरणांतिक वेदना हुई पर उन्होंने उफ तक नहीं की। वे महाश्रमण तब भी ध्यान से तनिक भी विचलित नहीं हुए। कायोत्सर्ग पूर्ण होने पर वे मध्यमा नगरी

पहुँचे तथा सिद्धार्थ वणिक के घर गोचरी ली। वणिक ने उनके कानों में कीलों को देखा तो वह दुःख से काँप उठा। उसने तुरंत खरक नामक वैद्य को बुलाया। उसने कानों से कीलें निकालीं। भगवान् को असह्य वेदना हुई, जिसे उन्होंने समभाव से सहन किया। साधक जीवन की यह मानो अंतिम वेदना थी, अंतिम कड़ी थी, जो अब समाप्त हो गई। (त्रिषष्टि. 10/4)

उग्र तपस्या

श्रमण महावीर ने अपने साढ़े बारह वर्षों के साधना-काल में जो उग्र तपस्या की, शास्त्रों में उसका विस्तृत विवरण मिलता है, जो अत्यंत रोमांचकारी है। इन साढ़े बारह वर्षों में उन्होंने मात्र तीन सौ पचास दिन आहार लिया। श्रमण वर्द्धमान पंद्रह-पंद्रह दिन, महीने-महीने, छह-छह महीने तक उपवास तो करते ही थे, जल भी नहीं पीते थे। उपवास में भी विहार करते रहते थे।

कैवल्य प्राप्ति

साधना के 13वें वर्ष में भगवान् जंभियग्राम नगर के बाहर ऋजुबालुका नदी के उत्तरी किनारे पर पधारे। गंभीर ध्यान करते-करते उन्हें केवल ज्ञान दर्शन प्राप्त हुआ। चार घनघाति कर्मों का क्षय कर वे सच्चे अर्थ में भगवान् बन गए। उनकी चेतना सर्वथा अनावृत्त हो गई। जगत् के समस्त द्रव्य एवं पर्याय पूर्ण रूप से उनके ज्ञानालोक से प्रतिबिंबित हो उठे।

तीर्थंकर महावीर

केवली होने के उपरांत भगवान् ने प्रवचन देना प्रारंभ किया। वे गाँव-गाँव पैदल विहार करने लगे। भगवान् महावीर के धर्म-संघ में स्त्री और पुरुष में कोई भेद नहीं था। स्त्रियों को साध्वी बनने का अधिकार देना भगवान् महावीर का अत्यंत क्रांतिकारी कदम था। भगवान् ने गृहस्थों को भी धर्म का उपदेश दिया। उसे स्वीकार करनेवाले पुरुष और स्त्रियाँ श्रावक और श्राविकाएँ कहलाए। श्रावकों में अनेक ने व्रत धारण किए। आनंद आदि प्रमुख श्रावकों के व्रतमय जीवन का वर्णन 'उपासकदशांगसूत्र' में मिलता है। इसी प्रकार श्राविकाएँ भी व्रत धारण करती थीं तथा उनको जैन तत्त्वों का गंभीर ज्ञान था। जयंती आदि श्राविकाओं की जीवनचर्या का उल्लेख भगवतीसूत्र में उपलब्ध है। इस प्रकार भगवान् ने चतुर्विध संघ-श्रमण-श्रमणी एवं श्रावक-श्राविका की स्थापना की। उनके संघ में 14,000

श्रमण, 36,000 श्रमणियाँ, 1,59,000 श्रावक एवं 3,18,000 श्राविकाएँ थीं। संघ 9 गणों में विभक्त था, जिनकी व्यवस्था 11 गणधर सँभालते थे। श्रमणियों के कार्य का भार महासती चंदनबाला पर था।

भगवान् महावीर ने श्रमणों के लिए पाँच महाव्रत तथा श्रावकों के लिए पाँच अणुव्रतों की व्यवस्था दी—

पाँच महाव्रत—अहिंसा, सत्य, अचौर्य, ब्रह्मचर्य एवं अपरिग्रह।

पाँच अणुव्रत—एकदेशीय अहिंसा, सत्य, अचौर्य, स्वदार-संतोष एवं इच्छा-परिमाण।

भगवान् महावीर का दर्शन

आज आवश्यकता इस बात की है कि हम भगवान् महावीर के दर्शन को समझें तथा उनके उपदेशों को अपने आचार में क्रियान्वित करें। ऐहिक जीवन के अभ्युदय और पारलौकिक जीवन में निःश्रेयस की प्राप्ति के लिए भगवान् ने सम्यक्दर्शन, सम्यक्ज्ञान एवं सम्यक् चारित्र रूपी रत्नत्रयी का जो मार्ग प्रशस्त किया था, वह संसारी, गृहस्थ एवं वीतरागी श्रमण दोनों के लिए समान रूप से उपयोगी है। भगवान् महावीर के दर्शन का सार निम्नांकित हैं—

1. यह संसार शून्य नहीं है, वास्तविक है। पदार्थों में सतत परिवर्तन उत्पाद, व्यय होता रहता है, किंतु मूल स्वरूप की दृष्टि से उनमें सदैव ध्रौव्य है। जीव, अजीव, धर्म, अधर्म, आकाश और काल ये छह द्रव्य हैं और यह जगत् इन्हीं का समुदाय है।
2. आत्मा है, सम्यक्-ज्ञान द्वारा उसका अनुभव किया जा सकता है। आत्मा शरीर से भिन्न है। आत्मा चेतन है, नित्य है, अविनाशी है।
3. कर्म है, चेतन आत्मा से भिन्न जड़ कर्म है, जो आत्मा के परिणामों—शुभ-अशुभ भावों के कारण-कषाययुक्त आत्मा के प्रदेशों के साथ जुड़ जाते हैं और परिणामों के अनुसार भिन्न-भिन्न जीवों को भिन्न-भिन्न फल देते हैं। कर्म स्वयं प्रेरित हो आत्मा को नहीं लगते वरन् आत्मा कर्मों को आकृष्ट करती है। अतः आत्मा कर्मों का कर्ता है। आत्मा शाश्वत है। वह कर्मानुसार भिन्न-भिन्न योनियों में जन्म लेती है। जिस जन्म में जीव जैसा कर्म करेगा, भविष्य में उसे वैसा ही फल मिलेगा। वह कर्मानुसार देव, मनुष्य, नारक व पशु-पक्षी की योनि में भ्रमण करेगा।

4. जैसे कर्म-बंधन के कारण आस्रव है, वैसे ही कर्म-निरोध के हेतु संवर है।
5. जब तक कर्म-बंधन है, संसार मिट नहीं समता। गति-भ्रमण ही संसार है।
6. आत्मा की समभाव में अवस्थिति, सिद्धि ही मोक्ष है। शुद्ध उपक्रम द्वारा-कर्मों की निर्जरा करते-करते आत्मा संपूर्णतः शुद्ध, बुद्ध, मुक्त अवस्था को प्राप्त कर लेती है।

भगवान् महावीर की अमृतमयी वाणी के कुछ नमूने यहाँ पर प्रस्तुत हैं, जो उनके दर्शन को स्पष्टतया अभिव्यक्त करते हैं—

आत्मा के विषय में वे कहते हैं—

अप्पा कत्ता विकत्ता य, दुहाण य सुहाण य।
अप्पा मित्तममित्तं च, दुप्पट्ठिय-सुपट्ठिओ॥

—उत्त. सू., 20/37

* * *

अर्थात् आत्मा ही सुख और दुःख को उत्पन्न करनेवाली और न करनेवाली है। आत्मा ही सदाचार से मित्र और दुराचार से शत्रु है।

जो सहस्सं सहस्साणं, संगामे दुज्जए जिणे।
एगं जिणेज्ज अप्पाणं, एस से परमो जओ॥

—उत्त, सू., 9/34

* * *

अर्थात् दुर्जय संग्राम में सहस्र-सहस्र शत्रुओं को जीतने की अपेक्षा एक अपनी आत्मा को जीतना परम जय है, महान् विजय है। जो अपनी आत्मा को जीत लेता है, वही सच्चा संग्राम-विजेता है। आत्मा पर विजय प्राप्त करने के लिए आवश्यक है कि चार कषायों पर विजय प्राप्त की जाए, किंतु इन चार कषायों पर कैसे विजय प्राप्त की जाए, यह देखें—

उवसमेण हणे कोहं, माणं मद्दवया जिणे।
मायं च उज्जुवभावेण, लोभं संतोसओ जिणे॥

—दश. सू., 8/39

* * *

अर्थात् क्रोध को उपशम-शांति से, मान को मार्दव-मृदुता से, माया को ऋजुभाव-सरलता से और लोभ को संतोष से जीतें।

उन्होंने बताया कि संसार के प्राणियों के लिए चार बातें बहुत दुर्लभ हैं—

चत्तारि परमंगाणि, दुल्लहाणीह जंतुणो।
माणुसत्तं सुई सद्धा, संजमंमि य वीरियं॥

—*उत्त सू.,3/1*

❋ ❋ ❋

अर्थात् संसार के प्राणियों को चार परम अंग-उत्तम संयोग-अत्यंत दुर्लभ हैं (1) मनुष्यभव, (2) धर्म-श्रुति-धर्म को सुनना, (3) धर्म में श्रद्धा और (4) संयम में धर्म पालन में दृढता।

मनुष्य अपने संचित कर्मों के अनुसार ही सुख-दुःख प्राप्त करता है। भगवान् ने कहा है—

जमिणं जगती पुढ़ो जगा, कम्मेहिं लुप्पंति पाणिणो।
सयमेव कडेहिं गाहती, नो तस्सा मुच्चे अपुट्ठयं॥

—*सु.कृ.सू., 1/2/1:4*

❋ ❋ ❋

अर्थात् इस जगत् में जो भी प्राणी हैं, वे अपने-अपने संचित कर्मों से ही संसार-भ्रमण करते हैं और किए हुए कर्मों के अनुसार ही भिन्न-भिन्न योनियों में जन्म लेते हैं। फल भोगे बिना उपार्जित कर्मों से प्राणी का छुटकारा नहीं होता। कर्म का मूल कारण राग-द्वेष है

रागो य दोसो वि य कम्मबीयं, कम्मं च मोहप्पभवं वयंति।
कम्मं च जाई-मरणस्स मूलं, दुक्खं च जाई-मरणं वयंति॥

—*उत्त. सू,32/7*

❋ ❋ ❋

अर्थात् राग और द्वेष कर्म के बीज (मूल कारण) हैं। कर्म मोह से उत्पन्न होता है। वह जन्म-मरण का मूल है। जन्म-मरण को दुःख का मूल कहा गया है।

भगवान् ने कहा कि संसार के सभी भौतिक साधन मानव को सुख देने में असमर्थ हैं—

सव्वं जगं जइ तुहं, सव्वं वावि धणं भवे।
सव्वं पि ते अपज्जत्तं, नेव ताणाय तं तवे॥

—*उत्त.सू., 14/39*

❋ ❋ ❋

यदि यह सारा जगत् और सारा धन भी तुम्हारा हो जाए तो भी वे सब अपर्याप्त ही होंगे और न यह सब तुम्हारा रक्षण करने में ही समर्थ होंगे।

श्रावक के लिए यह आवश्यक है कि वह सप्त व्यसनों से दूर रहे। वे सप्त दुर्व्यसन हैं—जुआ, मांस-भक्षण, वेश्या-गमन, मद्यपान, शिकार, चोरी और परस्त्री-सेवन।

भगवान् महावीर ने अहिंसा पर बहुत अधिक जोर दिया। अहिंसा की उनकी व्याख्या बड़ी सूक्ष्म और विलक्षण है। प्राणीमात्र के प्रति प्रेम और एकात्मकता की जो बात उन्होंने प्रतिपादित की है, वह बड़ी अद्‌भुत है। भगवान् ने कहा—

सव्वे पाणा पियाउया, सुहसाया, दुक्खपडिकूला।
अप्पियवहा पियजीविणो, जीविउकामा सव्वेसिं जीवियं पियं॥

—आ. सूत्र. 1/2/3/7

※ ※ ※

अर्थात् सभी प्राणियों को अपनी-अपनी आयु-जीवन प्रिय है। सुख अनुकूल है। दु:ख प्रतिकूल है। वध सबको अप्रिय है। जीना सबको प्रिय है। सब लंबे जीवन की कामना करते हैं। यह समझकर किसी जीव की हिंसा नहीं करनी चाहिए, किसी जीव को त्रास नहीं पहुँचना चाहिए, किसी के प्रति वैर भाव और विरोध नहीं रखना चाहिए, सब जीवों के प्रति मैत्री-भाव रखना चाहिए। भगवान् ने कहा कि भौतिक साधनों की अभिवृद्धि से कभी भी सुख और शांति नहीं मिल सकती—

सुवण्णरुप्पस्स उ पव्वया भवे, सिया हु केलाससमा असंखया।
नरस्स लुद्धस्स ण तेहिं किंचि, इच्छा हु आगाससमा अणंतिया॥

—उत्त; 9/48

※ ※ ※

अर्थात् कदाचित् सोने और चाँदी के कैलाश के समान असंख्य पर्वत प्राप्त हो जाएँ, तो भी लोभी पुरुष को उससे तृप्ति नहीं होती, क्योंकि इच्छाएँ आकाश के समान अनंत है।

वर्णाश्रम व्यवस्था में उस समय जो विकृति आ गई थी, उस पर उन्होंने बड़ा प्रबल प्रहार किया उन्होंने कहा—

कम्मुणा बंभणो होई, कम्मुणा होइ खतिओ।
वइसो कम्मुणा होई, सुद्दो हवइ कम्मुणा।

—उत्त. सू., 25/33

अर्थात् कर्म से ही कोई ब्राह्मण होता है और कर्म से ही क्षत्रिय। कर्म से ही मनुष्य वैश्य होता है और शूद्र भी कर्म से होता है।

भगवान् ने नारी जाति को बहुत सम्मान दिया। उन्होंने कहा कि वासना, विकार एवं कर्मजाल को काटकर नारी और पुरुष दोनों ही समान रूप से मुक्ति पाने के अधिकारी हैं।

विषमता समस्त दु:खों की जननी है। महाश्रमण महावीर ने कहा कि भिक्षु को सुख-दु:ख, लाभ-अलाभ, जीवन-मरण, निंदा-प्रशंसा और मान-अपमान में समभाव रखना चाहिए।

वीतराग प्रभु ने सेवा का भी श्रेष्ठ संदेश दिया। उनके प्रधान शिष्य गणधर गौतम स्वामी ने उनसे एक बार पूछा, 'प्रभु! आपकी पर्युपासना का कार्य बड़ा है या रुग्णजनों की सेवा का कार्य?' महावीर का उत्तर था, 'जे गिलाणं पडिसेवई, ते धन्ने।' अर्थात् प्रभु की परिचर्या से भी बढ़कर कार्य रुग्णजनों की सेवा का है।

वीतराग प्रभु के सभी उपदेश उनके द्वारा प्रतिपादित दर्शन से उद्भूत हुए हैं। उन्होंने कहा कि शुभ कार्यों के द्वारा पुण्य का सृजन होता है और अशुभ कार्यों द्वारा पाप का। पुण्य सृजन के ९ कारण हैं—अन्न-पुण्य, पान-पुण्य, लयन-पुण्य, शयन-पुण्य, वस्त्र-पुण्य, मन-पुण्य, वचन-पुण्य, काय-पुण्य एवं नमस्कार पुण्य। आशय है कि भूखे को भोजन, प्यासे को पानी, आश्रयहीन को ठहरने का स्थान, निर्वस्त्र को वस्त्र आदि देने से पुण्य का सृजन होता है।

इस प्रकार हम देखते हैं कि वीतराग महावीर ने जो दर्शन की अभिव्यक्ति की, वह शुष्क दर्शन नहीं था वरन् व्यावहारिक जीवन को उत्कर्ष की प्रेरणा देनेवाला था। आज की परिस्थिति में उनके द्वारा दिए गए उपदेशों यथा प्राणी मात्र के प्रति प्रेम, जीव-दया, इच्छा परिमाण, विचारों की सहिष्णुता, समता, आत्म-विशुद्धि इत्यादि की अतीव आवश्यकता है, जो मानव जाति को वास्तविक सुख, शांति एवं आनंद प्रदान करने में समर्थ है।

महापुरुष सहस्रों वर्षों में कभी एक बार उत्पन्न होते हैं पर संसार को धन्य कर देते हैं। भगवान् महावीर ऐसे ही तेजस्वी महापुरुष थे। उनके सुकृत्यों की सुवास युगों-युगों तक व्याप्त रहेगी। उन्होंने अहिंसा, अपरिग्रह व अनेकांत आदि के जिन सिद्धांतों का प्रतिपादन एवं प्रसार किया, वे मानवता के लिए सदैव प्रकाश-स्तंभ का काम करेंगे।

महावीर वाणी पर विद्वानों के विचार

'मैं कबूल करता हूँ कि मुझ पर गीता का गहरा असर है। उस गीता को छोड़कर महावीर से बढ़कर किसी का असर मेरे चित्त पर नहीं है। महावीर ने जो आज्ञा दी है, वह बाबा को पूर्ण मान्य है। आज्ञा यह है कि सत्यग्राही बनो। हर मानव के पास सत्य का अंश होता है, इसलिए मानव का जन्म सार्थक होता है। हमें सत्य-ग्राही बनना चाहिए, यह जो शिक्षा है भगवान् महावीर की, बाबा पर गीता के बाद उसी का असर है। गीता के बाद कहा, लेकिन जब देखता हूँ तो मुझे दोनों में फर्क ही नहीं दीखता है।'

—आचार्य विनोबा भावे,
समणसुत्तं पृ.8

***

स्वाध्याय की अमर फलश्रुति

महावीर के सुभाषित जीवन में उतर जाए तो कहना ही क्या, परंतु इनका सतत स्वाध्याय भी किया जाए तो भी हृदय में आनंद की सुमधुर अनुभूतियाँ जगमगाने लगती हैं, एक दिव्य प्रकाश सा चमकने लगता है और लगता है कि कुछ मिल रहा है, अंधकार की परतें टूट रही हैं, विकल्प शांत हो रहे हैं और मन, वाणी एवं देह अपूर्व शांति, संतोष और शीतलता का अनुभव कर रहे हैं। इस प्रकार की अनुभूति ही अध्ययन की उपयोगिता है, स्वाध्याय की अमर फलश्रुति है।'

—उपाध्याय अमर मुनि सूक्ति-त्रिवेणी
(जैन धारा), पृ.12

***

सुभाषित वचनामृतों का अक्षय सिंधु

'जैन साहित्य का सूक्ति भंडार महासागर से भी गहरा है। उसमें एक-से-एक दिव्य असंख्य मणि-मुक्ताएँ छिपी पड़ी हैं। सुभाषित वचनामृतों का तो वह एक महान् अक्षयसिंधु है। अध्यात्म और वैराग्य के की उपादेय नहीं, किंतु पारिवारिक, सामाजिक आदि अनेक जीवन-विधाओं के विकास एवं निर्वाह हेतु नीति, व्यवहार आदि के उत्कृष्ट सुपरीक्षित सिद्धांत-वचन उनमें यत्र-तत्र बिखरे पड़े हैं। उन्हें पाने के लिए कुछ डुबकी लगानी पड़ती है। किनारे-किनारे घूमने से और दृष्टि

को संकुचित रखने से वे दिखाई नहीं दे सकते हैं, पलक मारते सहसा उपलब्ध नहीं हो सकते।'

—उपाध्याय अमर मुनि सूक्ति-त्रिवेणी (जैन धारा) पृ.11

* * *

हृदय के करीब भाषा

'इसलिए अगर जैन तीर्थंकरों की भाषा मनुष्य के हृदय के बहुत करीब है और जैन तीर्थंकरों और मनुष्यों के बीच कोई खाई-खंदक नहीं है तो कारण साफ है। जैन तीर्थंकर उसी जगह से आए, जहाँ से तुम गुजर रहे हो। तुम्हारे दु:ख उन्होंने जाने हैं। तुम्हारे कष्ट उन्होंने जाने हैं। तुम्हारा अनुभव उनका अनुभव भी है।'

—आचार्य रजनीश, जिन सूत्र, भाग-1, पृ. 84

* * *

महावीर का चरित्र

'महावीर का चरित्र महिमापूर्ण है, क्योंकि वह मनुष्य का चरित्र है।

महावीर मनुष्य से भगवान् हुए हैं, उन्हें मनुष्यों का रत्ती-रत्ती पता है; उनका दु:ख, उनकी पीड़ा, उनका संकट, उनकी मूढ़ता, अज्ञान, भ्रांतियाँ, माया-मोह; उनका भटकना उन्हें पूरी तरह पता है। इसलिए महावीर के वचनों में एक वैज्ञानिकता है।

महावीर के पैर जमीन में अड़े हैं पर उनका सिर आकाश में उठा है। बड़ा यथार्थ गहन अनुभव-पूरित मार्ग है। इसलिए महावीर के वचनों में रहस्यवाद नहीं है। वे कोई मिस्टिक नहीं हैं। वे किसी धुँधले लोक की, किसी आकाश की बात नहीं कर रहे हैं।'

—आचार्य रजनीश जिन सूत्र, भाग-1, पृ. 85

* * *

जैन विचारधारा की प्राचीनता

भगवान् महावीर प्रतिपादित आगमों में जो कर्म विचार की व्यवस्था है, मार्गणा और गुणस्थान संबंधी जो विचार हैं, जीवों की गति और अगति का जो विचार है, लोक की व्यवस्था और रचना का जो विचार है, जड़ परमाणु पुद्गलों की वर्गणा और पुद्गल स्कंध का जो व्यवस्थित विचार है, षड्द्रव्य और नवतत्त्व का जो व्यवस्थित निरूपण है, उसको देखते हुए यह कहा जा सकता है कि जैन तत्त्व

विचारधारा भगवान् महावीर से पूर्व की कई पीढ़ियों के परिश्रम का फल है और इस परंपरा का उपनिषद् प्रतिपादित अनेक मतों से पार्थक्य और स्वातंत्र्य स्वयंसिद्ध है।'

—पंडित दलसुख भाई मालवणिया
आगम युग का जैन दर्शन, पृ.51

* * *

संजीवनी महौषधि—अनेकांत

'भगवान् महावीर ने यह देखा कि जितने भी मत, पक्ष या दर्शन हैं, वे अपना एक विशेष पक्ष स्थापित करते हैं और विपक्ष को निराश करते हैं। भगवान् ने उन सभी तत्कालीन दार्शनिकों की दृष्टियों को समझने का प्रयत्न किया और उनको प्रतीत हुआ कि नाना मनुष्यों के वस्तु दर्शन में जो भेद हो जाता है, उसका कारण केवल वस्तु की अनेकरूपता या अनेकांतात्मकता ही नहीं बल्कि नाना मनुष्यों के देखने के प्रकार की अनेकता या नानारूपता भी कारण है। इसीलिए उन्होंने सभी मतों और दर्शनों को वस्तु रूप के दर्शन में योग्य स्थान दिया है। किसी मत विशेष को सर्वथा निराश नहीं किया है। निराश यदि किया है तो इस अर्थ में कि जो एकांत आग्रह का विषय था, अपने ही पक्ष को, अपने मत या दर्शन को सत्य और दूसरों के मत, दर्शन या पक्ष को मिथ्या मानने को जो कदाग्रह था, उसको निराश करके उन मतों को एक नया रूप दिया है। प्रत्येक मतवादी कदाग्रही होकर दूसरे के मत को मिथ्या बताते थे, वे समन्वय न कर सकने के कारण एकांतवाद में ही फँसते थे। भगवान् महावीर ने उन्हीं के मतों को स्वीकार करके उसमें से कदाग्रह का विष निकालकर सभी का समन्वय करके अनेकांतवादरूपी संजीवनी महौषधि का निर्माण किया है।'

—पंडित दलसुख भाई मालवणिया
आगम युग का जैन दर्शन, पृ. 114

* * *

श्रुत का महत्त्व

'ब्राह्मण धर्म में श्रुति (वेद) का और बौद्ध धर्म में त्रिपिटक का जैसा महत्त्व है, वैसा ही जैन धर्म में श्रुत (आगम) गणिपिटक का महत्त्व है।'

—पंडित दलसुख भाई मालवणिया
आगम युग का जैन दर्शन, पृ.3

* * *

तीर्थंकरों का उपदेश

'सभी तीर्थंकरों के उपदेश की एकता का उदाहरण शास्त्र में भी मिलता है। आचारांग सूत्र में कहा गया है कि जो अरिहंत हो गए, जो अभी वर्तमान में हैं और जो भविष्य में होंगे, उन सभी का एक ही उपदेश है कि किसी भी प्राण, जीव, भूत और सत्व की हत्या मत करो। उनके ऊपर अपनी सत्ता मत जमाओ, उनको गुलाम मत बनाओ और उनको मत सताओ, यही धर्म ध्रुव है, नित्य है, शाश्वत है और विवेकी पुरुषों ने बताया है।'

—आगम युग का जैन दर्शन, पृ.4

* * *

प्रमाणभूत आगम

'आगम की व्याख्या तो इतनी ही है कि आप्त का कथन आगम है। जैन सम्मत आप्त कौन हैं? इसकी व्याख्या में कहा गया है कि जिसने राग और द्वेष को जीत लिया है, वह जिन, तीर्थंकर एवं सर्वज्ञ भगवान् आप्त हैं और जिन का उपदेश एवं वाणी ही जैनागम है। उसमें वक्ता के साक्षात् दर्शन और वीतरागता के कारण दोष की संभावना ही नहीं, पूर्वापर विरोध भी नहीं और युक्ति बाधा भी नहीं। अतएव मुख्य रूप से जिनों का उपदेश एवं वाणी जैनागम प्रमाणभूत माना जाता है और गौणरूप से उससे अनुप्राणित अन्य शास्त्र भी प्रमाणभूत माने जाते हैं।'

—पंडित दलसुख भाई मालवणिया
आगम युग का जैन दर्शन, पृ.6

* * *

संसार का समस्त साहित्य उपादेय

'इस चर्चा से यह तो स्पष्ट ही है कि पारमार्थिक दृष्टि से सत्य का आविर्भाव निर्जीव शब्द में नहीं, किंतु सजीव आत्मा में ही होता है। अतएव किसी पुस्तक के पन्ने का महत्त्व तब तक है, जब तक वह आत्मोन्नति का साधन बन सके। इस दृष्टि से संसार का समस्त साहित्य जैनों का उपादेय हो सकता है, क्योंकि योग्य और विवेकी आत्मा के लिए अपने काम की चीज कहीं से भी खोज लेना सहज है। किंतु अविवेकी और अयोग्य के लिए यही मार्ग खतरे से खाली नहीं है। इसलिए जैन ऋषियों ने विश्व-साहित्य में से चुने हुए अंश को जैनों के लिए व्यवहार में

उपादेय बताया है और उसी को जैनागम में स्थान दिया है।'

—पंडित दलसुख भाई मालवणिया
आगम युग का जैन दर्शन, पृ.10

❋ ❋ ❋

आज की अपनी बात

'भगवान् महावीर के उपदेशों से ऐसा लगता है, मानो आज ही कोई महापुरुष अपनी बात कह रहा हो। पाठक यह भी देखेंगे कि उनकी भाषा कितनी सरल थी। यद्यपि आज उस भाषा का प्रचलन नहीं है, तथापि थोड़ा सा ध्यान देने पर वह भाषा आज भी आसानी से समझ में आ जाती है।'

श्री यशपाल जैन, 'तीर्थंकर वर्द्धमान'
लेखक श्री श्रीचंद रामपुरिया की भूमिका में, पृ.6 पर

❋ ❋ ❋

अनंत ज्ञान संपदा

'ऐहिक जीवन के अभ्युदय और पारलौकिक जीवन में नि:श्रेयस की प्राप्ति के लिए भगवान् महावीर की धर्म देशना में सम्यक् दर्शन, सम्यक् ज्ञान और सम्यक् चरित्र का जो मार्ग सद्भाव, सद्विचार और सदाचार के माध्यम से प्ररूपित हुआ है, वह संसारी गृहस्थ और वीतरागी मुमुक्षु के लिए समान रूप से उपयोगी है।

इस धर्म में हजारों ग्रंथ हैं और इसकी ज्ञान-संपदा अनंत है।

भगवान् महावीर तप:सिद्ध तीर्थंकर थे, विशुद्ध आत्मज्ञ महापुरुष थे, कैवल्यज्ञानमयी आत्म-ज्योति के साक्षात् स्वरूप थे, उनके रोम-रोम से यदि दिव्यध्वनि निसृत होती हो, उनके दर्शन मात्र से यदि दिव्यातिदिव्य आत्म संदेश प्राप्त होता हो तो इसमें आश्चर्य की कोई बात नहीं है।

भगवान् महावीर की वाणी का मूल विषय आत्मज्ञान है, जिसमें भेद-विज्ञान से लोक, अलोक, जीव, अजीव, कर्म, कर्मफल, कर्मबंध, धर्म, संवर, निर्जरा, मोक्ष आदि पर भी अत्यंत सूक्ष्म विचार किया गया है।'

—डॉ, भगवानदास तिवारी, महावीर वाणी, पृ. 74

❋ ❋ ❋

समर्थ एवं संपन्न भाषा

'महावीर वाणी की भाषा उस समय जन सामान्य में प्रचलित अर्द्धमागधी है।

ऐतिहासिक परंपरा और स्वरूप की दृष्टि से अर्द्धमागधी आर्य परिवार की संस्कृत संबद्ध समर्थ और संपन्न भाषा है।

भगवान् महावीर जीव मात्र के कल्याण के लिए स्वानुभूत सत्य को सहज, सरल, स्पष्ट और यथातथ्य रूप में प्रकट करना चाहते थे।

आत्मज्ञ महापुरुष होने पर भी भगवान् महावीर का लोकज्ञान खूब समृद्ध था। वे लोकमानस के महान् मनोविज्ञानवेत्ता, काव्य-प्रतिभा के धनी और अद्‌भुत प्रतिभासंपन्न महाज्ञानी भाषाविद् पंडित थे। इसलिए सत्य उनका साथी और भाषा उनकी वशवर्तिनी थी। उनकी धर्म देशना में कथन शैली की विविधता, उक्ति कौशल का चमत्कार, काव्यात्मक प्रतिभा और वचनभंगिमाओं का प्रयोग इसका प्रत्यक्ष प्रमाण है।

महावीर वाणी आत्मा की आवाज है, जो आत्मा से उठी है, आत्मा को छूती है, आत्मा में समाती है और उसे अपने स्वरूप का ज्ञान प्रदान कर अपने ही आत्मस्वरूप में लीन होने की प्रेरणा देती है। एक सर्वज्ञ केवली द्वारा अनुभूत अंतिम सत्य की अभिव्यक्ति होने के कारण वह मनुष्य मात्र को अंतिम सत्य तक पहुँचाने को प्रेरणा देती है।'

—डॉ. भगवानदास तिवारी, महावीर वाणी
पृ. 75 से 81 से उद्‌धृत

* * *

अनुकंपा से सराबोर

'भगवान् महावीर की वाणी विश्वमैत्री तथा अनुकंपा के अमृत से सराबोर थी तथा उसमें गुणानुराग और मध्यस्थता का अनहद नाद पूर्णतया गुंजित था। भगवान् की वाणी में सत्य की अनंत आभा से परिपूर्ण विमल प्रकाश झलक रहा था और अपने दीर्घ अनुभव का निचोड़ यथार्थ रूप में अवतरित हुआ था। इसीलिए उनकी वाणी शिव-सुंदर बनी थी और लाखों-करोड़ों मानवों के हृदय में नव चेतना भरने में सफल हुई थी।'

—श्री धीरजलाल शाह

आत्मा

आत्मा का स्वभाव

1. यह मेरी आत्मा वैतरणी नदी है और यही कूट शाल्मली वृक्ष है। आत्मा ही सब इच्छाओं को पूर्ण करनेवाली कामधेनु है और यही आत्मा नंदनवन है।

—उत्त. सू. 20/36

❊ ❊ ❊

आत्मा ही मित्र और शत्रु

2. आत्मा ही सुख और दुःख को उत्पन्न और अनुत्पन्न करनेवाली है। सदाचार में परिणत आत्मा ही मित्र और दुराचार में परिणत आत्मा ही शत्रु है।

—उत्त. सू. 20/37

❊ ❊ ❊

युद्ध किससे?

3. हे प्राणी! अपनी आत्मा के साथ ही युद्ध कर। बाहरी युद्ध करने से क्या लाभ? दुष्ट आत्मा के समान युद्ध योग्य कोई अन्य वस्तु दुर्लभ है।

—आचा. सू. 1/5/3/45-46

❊ ❊ ❊

आत्मा का वशीकरण

4. हे पुरुष! तू ही मेरा मित्र है। बाहर क्यों मित्र की खोज करता है? हे पुरुष! अपनी आत्मा को ही वश में कर। ऐसा करने से तू सभी दुःखों से मुक्त होगा।

—आचा. सू. 1/3/3/64

❊ ❊ ❊

सर्वोच्च विजय

5. दुर्जय संग्राम में सहस्त्र-सहस्त्र शत्रुओं को जीतने की अपेक्षा एक अपनी आत्मा को जीतना परम जय है। जो अपनी आत्मा को जीत लेता है, वही परम संग्राम विजेता है।

—उत्त.सू. 9/34

***

आत्म-दमन

6. अपनी आत्मा का दमन करो—अपने आप को जीतो। आत्मा का दमन करना ही अपने आपको जीतना ही वास्तव में कठिन है। अपनी आत्मा का दमन करनेवाला इस लोक तथा परलोक में सुखी होता है।

—उत्त.सू. 1/15

***

आत्मज्ञाता

7. जो एक (आत्मा) को जानता है, वह सब (जगत्) को जानता है। जो सबको जानता है, वह एक को जानता है।

—उत्त.सू. 1/3/4/129

***

एक समान आत्मा

8. स्वरूप की दृष्टि से हाथी में और कुंथुआ (त्रींद्रिय जाति का एक प्राणी विशेष) में आत्मा एक समान है।

—भग. सू. 7/8

***

आत्म-शुद्धि

9. ऋजु—सरल आत्मा की ही शुद्धि होती है। धर्म शुद्ध आत्मा में ही टिकता है। जिस तरह से घी से सिंचित अग्नि दिव्य प्रकाश को प्राप्त होती है, उसी प्रकार शुद्ध आत्मा आत्म-तेज से उद्दीप्त होती हुई परम निर्वाण को प्राप्त करती है।

—उत्त.सू. 3/12

***

आत्मा ही ज्ञानरूप

10. मेरी अपनी आत्मा ही ज्ञान (ज्ञानरूप) है, दर्शन है, चरित्र है।

—सम.सा. 277

❋ ❋ ❋

कर्म मल से मुक्ति

11. धर्म मेरा जलाशय है, ब्रह्मचर्य शांति तीर्थ है, आत्मा की प्रसन्नलेश्या-उत्तम, प्रशस्त परिणाम मेरा निर्मल घाट है, जहाँ पर (आत्मस्वरूप में) स्नान कर मैं कर्म मल से मुक्त हो जाता हूँ।

—उत्त.सू. 12/46

2. आत्म (जीव) तत्त्व

आत्मा के प्रकार

1. आत्मा (जीव) तीन प्रकार की है—बहिरात्मा, अंतरात्मा और परमात्मा। परमात्मा के दो प्रकार हैं—अर्हत् और सिद्ध।

—मो.पा. 4

❋ ❋ ❋

अंतरात्म भाव में आरोहण

2. सभी जिनेश्वरदेवों का यह उपदेश है कि मन, वचन और काय से बहिरात्मभाव को छोड़कर, अंतरात्मभाव में आरोहण करते हुए परमात्मा का ध्यान करो।

—मो.पा. 7

❋ ❋ ❋

आत्मा क्या है?

3. मैं एक हूँ, शुद्ध हूँ, ममत्वरहित हूँ, ज्ञान दर्शन से परिपूर्ण हूँ। अपने इस शुद्ध स्वभाव में संस्थित और तन्मय होकर मैं इन सब (परकीय भावों) का क्षय करता हूँ।

—स.सा. 73

❋ ❋ ❋

आत्म प्रज्ञा

4. आत्मा को कैसे जाना जा सकता है? आत्मप्रज्ञा अर्थात् भेदविज्ञान रूप बुद्धि द्वारा ही उसे जाना जा सकता है।

—स.सा. 296

❋ ❋ ❋

शाश्वत तत्त्व

5. ज्ञान, दर्शनस्वरूप मेरी आत्मा ही शाश्वत तत्त्व है। उससे भिन्न जितने भी राग, द्वेष, कर्म, शरीर आदि भाव हैं, वे सब संयोगजन्य बाह्य भाव हैं।

—भा.पा. 59

❋ ❋ ❋

श्रमपूर्ण साधना

6. आत्मा को बड़ी कठिनाई से, अत्यधिक श्रमपूर्ण साधना से जाना जा सकता है।

—मो.पा. 65

❋ ❋ ❋

निर्मल स्वरूप

7. आत्मा जब कर्म-मल से विमुक्त हो जाती है तो वही परमात्म स्वरूप निर्मल हो जाती है।

—भा.पा. 15

❋ ❋ ❋

तत्त्व-रुचि

8. जल ज्यों-ज्यों स्वच्छ होता है, त्यों-त्यों द्रष्टा उसमें प्रतिबिंबित रूपों को स्पष्टतया देखने लगता है। इसी प्रकार अंतर में ज्यों-ज्यों तत्त्व-रुचि जाग्रत् होती है, त्यों-त्यों आत्मा तत्त्वज्ञान प्राप्त करती जाती है।

—आ.नि. 163

❋ ❋ ❋

3. आत्मालोचन

आत्म निरीक्षण

1. जाग्रत् साधक प्रतिदिन एवं रात्रि के प्रारंभ में और अंत में भली-भाँति

आत्मनिरीक्षण करता है—मैंने क्या (सत्कर्म) किया है, क्या नहीं किया है? और वह कौन-सा कार्य बाकी है, जिसे मैं कर सकने की क्षमता होते हुए भी नहीं कर पा रहा हूँ?

—दश. चू. 2/12

❋ ❋ ❋

निरभिमान

2. बालक जो भी उचित या अनुचित कार्य कर लेता है, वह सब सरल भाव से कह देता है। इसी प्रकार साधक को भी गुरुजन के समक्ष माया-धोखा, चालबाजी तथा मद-अभिमान से रहित होकर यथार्थतः आत्मालोचन करना चाहिए।

—ओ.नि. 801

❋ ❋ ❋

हल्कापन

3. जो साधक गुरुजनों के समक्ष मन के शल्यों—काँटों की तरह चुभनेवाले कलुषित भावों को निकालकर आलोचना, निंदा (आत्मनिंदा) करता है, उसकी आत्मा उसी प्रकार हल्की हो जाती है, जिस प्रकार सिर का भार उतार देने पर भारवाहक हल्कापन अनुभव करता है।

—ओ.नि. 806

❋ ❋ ❋

दूसरों का दोष

4. सत्पुरुष दूसरों का दोष देखकर उसको प्रकट नहीं करते हैं, प्रत्युत लोकनिंदा के भय से उनके दोषों को अपने दोषों के समान छिपाते हैं। दूसरों का दोष देखकर वे स्वयं लज्जित हो जाते हैं।

—भ.आ. 372

❋ ❋ ❋

आत्मदर्शन

5. जो आत्मा को जानता है, वह सांसारिक सुखों का कामी नहीं होता। भला, जिसे कल्पवृक्ष प्राप्त हो गया है, क्या वह अन्य वृक्ष की प्रार्थना भी करेगा?

—आ.सं. 4

4. आत्मसंयम

मेधावी

1. जैसे कछुआ अपने अंगों को अपने शरीर में समाहृत कर लेता है, समेट लेता है, वैसे ही मेधावी-बुद्धिशील पुरुष अंतर्मुखता-आत्मलीनता द्वारा अपनी आत्मा को अपने आप को पाप कर्मों से हटा लेता है।

—सू.कृ.सू. 1/8/16

❋ ❋ ❋

प्रायश्चित्त

2. जाने या अनजाने में कोई अधर्म कार्य-पाप-कर्म हो जाए तो अपनी आत्मा को उस कार्य से तुरंत हटा लेना चाहिए, फिर वैसा नहीं करना चाहिए।

—दश.सू. 8/31

❋ ❋ ❋

विषयों का निग्रहण

3. साधक ज्ञान, ध्यान और तपोबल द्वारा ऐंद्रिय विषयों और कषायों को बलपूर्वक ठीक वैसे ही निगृहीत कर लेते हैं, रोक लेते हैं, जैसे कि चतुर सवार लगाम द्वारा घोड़ों को बलपूर्वक रोक लेता है।

—म.स.प्र. 621

❋ ❋ ❋

अनुशासन किस पर?

4. जो अपने पर अनुशासन नहीं रख पाता, वह औरों पर अनुशासन कैसे कर सकता है?

—सू.कृ.सू. 1/1/2/17

संयम के चार रूप

5. संयम के चार रूप हैं—मन का संयम, वचन का संयम, शरीर का संयम और उपधि-उपकरणों का संयम।

—स्था.सू. 4/2

❋ ❋ ❋

इंद्रियों का नियंत्रण

6. ज्ञान की लगाम से नियमित-नियंत्रित होने पर अपनी इंद्रियाँ भी उसी प्रकार गुणकारक-लाभप्रद हो जाती हैं, जिस प्रकार लगाम से नियंत्रित तेज दौड़नेवाले घोड़े।

—*म.स. 622*

❋ ❋ ❋

आत्मा की सुरक्षा

7. समग्र इंद्रियों को भली-भाँति सुसमाहित कर, स्ववश कर आत्मा की (पापों से) अवश्य ही सतत-निरंतर रक्षा करते रहनी चाहिए। जो आत्मा अरक्षित होती है—सुरक्षित नहीं होती, वह जाति-पथ में-भिन्न-भिन्न योनियों में-जन्म-मरण ग्रहण करती है। जो आत्मा सुरक्षित होती है, वह सब दुःखों से मुक्त हो जाती है, छूट जाती है।

—*दश. चू. 2/16*

❋ ❋ ❋

दुष्प्रवृत्ति से हटें

8. जब कभी अपने-आपको मन, वचन, काय से कहीं भी दुष्प्रवृत्त होते—दूषित, अपवित्र प्रवृत्तियों में, बुरे कार्यों में जाते देखें तो जैसे घोड़े को लगाम से प्रतिसंहृत कर लिया जाता है—खींच लिया जाता है, वैसे ही उसी क्षण धीर पुरुष अपने-आपको उस दुष्प्रवृत्ति से हटा लें।

—*दश. चू. 2/14*

❋ ❋ ❋

5. आत्म-विजय

शक्तिशाली शत्रु

1. एक को जीत लेने से—नियंत्रित कर लेने से मैंने पाँच को जीत लिया। पाँच को जीत लेने से मैंने दस को जीत लिया और दसों को जीत लेने से मैंने सभी शत्रुओं को जीत लिया है।

—*उत्त. सू. 23/36*

❋ ❋ ❋

शत्रुओं पर विजय

2. अजित-निरंकुश आत्मा ही शत्रु है। क्रोध, मान, माया और लोभ; ये चार कषाय मिलकर पाँच तथा श्रोत्र, चक्षु, घ्राण, रस और स्पर्श ये पाँच इंद्रियाँ मिलकर दस शत्रु हैं। इन्हें यथावत्, भली-भाँति जीतकर, हे महामुने! मैं विचरण करता हूँ।

—*उत्त.सू. 23/38*

***

भव तृष्णा

3. भवतृष्णा-सांसारिक तृष्णा, लिप्सा को लता कहा गया है, जो अत्यंत भयावह है, भयंकर परिपाक वाले फल देनेवाली है। उसे यथाविधि उच्छिन्न कर। हे महामुने! मैं सुखपूर्वक विचरण करता हूँ।

—*उत्त.सू. 23/48*

***

शरीर से पृथक्

4. आत्मा को शरीर से पृथक् जानकर कर्ममय शरीर को प्रकंपित कर डालो—भोग-जनित पापों को क्षीण कर शरीर को निर्मल, हल्का बना लो।

—*आचा.सू. 1/4/3/141*

***

कषायरहित

5. तपश्चरण द्वारा कषाय-ऊष्मा को कृश करो—कषायरहित कर हल्का बनाओ, अपने को, अपनी भोगवृत्ति को जीर्ण करो—क्षीण करो, मिटा डालो।

—*आचा.सू. 1/4/3/141*

***

इच्छाओं का दमन

6. दूसरा वध और बंधन आदि द्वारा दमन करे, इससे तो अच्छा है कि व्यक्ति स्वयं ही संयम और तप के द्वारा अपना (अपनी इच्छाओं का) दमन कर ले।

—*उत्त. सू. 1/16*

***

आत्मा पर विजय

7. पाँच इंद्रियाँ, क्रोध, मान, माया, लोभ और अपनी दुर्जय आत्मा—ये दस शत्रु हैं। एक आत्मा को जीत लेने पर सब जीत लिए जाते हैं।

—*उत्त. सू. 1/36*

❋ ❋ ❋

ज्ञान और चारित्र

6. सम्यग्दर्शन

तत्त्वों के प्रति श्रद्धा

1. धर्म आदि (छह द्रव्य) तथा तत्त्वार्थ आदि के प्रति श्रद्धा न करना सम्यग्दर्शन है। अंगों और पूर्वों का ज्ञान सम्यग्ज्ञान है। तप में प्रयत्नशीलता सम्यक्-चारित्र है। यह व्यवहार मोक्ष-मार्ग है।

—पंचा. 160

***

सम्यक्त्व

2. स्वयं ही अपने विवेक से अथवा किसी के उपदेश से सद्भूत तत्त्वों के अस्तित्व में श्रद्धा-विश्वास करने को सम्यक्त्व कहा गया है।

—उत्त.सू. 28/15

***

नव तत्त्व

3. 1. जीव, 2.अजीव, 3. बंध, 4. पुण्य, 5. पाप, 6. आस्रव, 7. संवर, 8. निर्जरा और 9. मोक्ष—ये नौ तत्त्व सद्भूत पदार्थ हैं।

—उत्त.सू. 28/14

***

आत्मा की परिशुद्धि

4. मनुष्य ज्ञान से जीवादि पदार्थों को जानता है, दर्शन से उनका श्रद्धान् करता

है, चारित्र से (कर्मास्रव का) निरोध करता है और तप से परिशुद्ध होता है।

—उत्त. सू. 28/35

❋ ❋ ❋

हितकारी

5. 1.आलस्य, 2. मोह, 3. अवज्ञा, 4. अभिमान, 5.क्रोध, 6. प्रमाद, 7. कृपणता, 8. भय, 9. शोक, 10. अज्ञान, 11. उपेक्षा, 12. कुतुहल, 13. अरमणता—इन तेरह कारणों से व्यक्ति मनुष्य-जन्म पाकर भी संसार से तारने वाले हितकारी धर्मशरण को प्राप्त नहीं करता।

—आ. सू. संख्या

❋ ❋ ❋

नींव है सम्यग्दर्शन

6. सम्यग्दर्शन के बिना ज्ञान नहीं होता। ज्ञान के बिना चारित्रगुण निष्पन्न नहीं होता। चारित्रगुण के बिना मोक्ष (कर्मक्षय) नहीं होता और मोक्ष के बिना निर्वाण-परमशांति का लाभ नहीं होता।

—उत्त. सू. 28/30

❋ ❋ ❋

सम्यदृष्टि

7. जो आत्मा आत्मा में—अपने आप में लीन है, वही वस्तुतः सम्यग्दृष्टि है।

—भा. पा. 31

❋ ❋ ❋

क्रियाविहीन ज्ञान

8. क्रियाविहीन ज्ञान व्यर्थ है तथा अज्ञानी की क्रिया व्यर्थ है। जैसे पंगु व्यक्ति वन में लगी हुई आग को देखते हुए भी भागने में असमर्थ होने से और अंधा व्यक्ति दौड़ते हुए भी देखने में असमर्थ होने से जल मरता है।

—आव. नि. 101

❋ ❋ ❋

ज्ञान और क्रिया

9. एक पहिये से रथ नहीं चलता। ज्ञान और क्रिया के संयोग से ही फल की प्राप्ति होती है, जैसे वन में पंगु और अंधा दोनों एक-दूसरे के सहयोग से (वन से निकलकर) नगर में प्रविष्ट हो जाते हैं।

—आव.नि. 102

❋ ❋ ❋

अल्प राग

10. जिस व्यक्ति में परमाणु भर भी अत्यंत अल्प भी रागादि भाव विद्यमान है, वह समस्त आगमों का ज्ञाता होते हुए भी आत्मा को नहीं जानता। जो आत्मा को नहीं जानता, वह अनात्मा को—आत्मव्यतिरिक्त पदार्थों को भी नहीं जानता। इस तरह जब वह जीव-अजीव तत्त्व को नहीं जानता, तब वह सम्यग्दृष्टि कैसे हो सकता है?

—स.सा. 201-202

❋ ❋ ❋

सम्यक्त्व ही श्रेष्ठ

11. एक ओर सम्यक्त्व का लाभ तथा दूसरी ओर त्रैलोक्य का लाभ होता हो तो त्रैलोक्य के लाभ की अपेक्षा सम्यग्दर्शन का लाभ श्रेष्ठ है।

—भ.आ. 741

❋ ❋ ❋

सम्यक् श्रद्धा

12. धर्म का मूल दर्शन (सम्यक् श्रद्धा) है।

—द.पा. 2

❋ ❋ ❋

दर्शन से हीन

13. जो दर्शन से हीन (सम्यक् श्रद्धा से रहित या पतित) है, वह वंदनीय नहीं है।

—द.पा. 2

❋ ❋ ❋

मोक्ष का फल

14. सम्यक्त्व—रूप मूल के नष्ट हो जाने पर मोक्ष रूप फल की प्राप्ति नहीं होती।

—द.पा. 10

❋ ❋ ❋

आत्मा ही सम्यक्त्व

15. निश्चय-दृष्टि से आत्मा ही सम्यक्त्व है।

—द.पा. 20

❋ ❋ ❋

मोक्ष की पहली सीढ़ी

16. सम्यग्दर्शन मोक्ष का प्रथम सोपान—पहली सीढ़ी है।

—द.पा. 21

❋ ❋ ❋

वास्तविक सम्यग्दृष्टि

17. जो हेय-त्यागने योग्य और उपादेय-ग्रहण करने योग्य को जानता है, वही वास्तव में सम्यग्दृष्टि है।

—सू.पा. 5

❋ ❋ ❋

बोधि लाभ नहीं

18. सम्यक्त्व-विहीन व्यक्ति हजारों करोड़ वर्षों तक भली-भाँति उग्र तप करने पर भी बोधि लाभ प्राप्त नहीं करता।

—द.पा. 5

❋ ❋ ❋

कर्मों की निर्जरा

19. सम्यग्दृष्टि आत्मा जो कुछ भी तप, संयम आदि आचरण करता है, वह उसके कर्मों की निर्जरा के लिए ही होता है।

—स. सा. 193

❋ ❋ ❋

7. सम्यग्ज्ञान

ज्ञान का स्थान

1. जीवन में पहला स्थान ज्ञान का है और उसके बाद दया-अनुकंपा, करुणा आदि क्रियाओं का। सभी संयतजन-साधुवृंद इसी प्रकार आचरण करते हैं। अज्ञानी, जिसे साध्य-साधन का ज्ञान नहीं है, वह क्या कर सकता है, पुण्य एवं पाप-कल्याण-अकल्याण को कैसे समझ सकता है?

—दश.सू. 4/10

❋ ❋ ❋

ज्ञान क्या है?

2. जिससे तत्त्व का बोध होता है, चित्त का निरोध होता है, तथा आत्मा विशुद्ध होती है, उसी को ज्ञान कहा गया है।

—मू. 267

❋ ❋ ❋

जीव का स्वरूप

3. जो जीव के स्वरूप को नहीं जानता, न अजीव का स्वरूप ही जानता है, वह साधक चारित्र या संयम की साधना कैसे जानेगा?

—दश.सू. 4/12

❋ ❋ ❋

ज्ञान के प्रकार

4. ज्ञान पाँच प्रकार के हैं—1. श्रुतज्ञान, 2. मतिज्ञान (अभिनिबोधिकज्ञान), 3. अवधिज्ञान, 4. मन:पर्ययज्ञान, और 5. केवलज्ञान।

—उत्त.सू. 28/4

❋ ❋ ❋

सतत ज्ञानाभ्यास

5. ज्ञान से ध्यान की सिद्धि होती है। ध्यान से सब कर्मों का निर्जरण होता है—वे झड़ जाते हैं। निर्जरा का फल मोक्ष है। अत: सतत ज्ञानाभ्यास करना चाहिए।

—र.सा. 138

सम्यक्त्व का प्रभाव

6. जैसे कमलिनी का पत्र स्वभाव से ही जल से लिप्त नहीं होता, वैसे ही सत्पुरुष सम्यक्त्व के प्रभाव से कषाय और विषयों से लिप्त नहीं होता।

—भा.पा. 154

✻ ✻ ✻

शास्त्रज्ञान युक्त

7. जैसे धागा पिरोई हुई सूई गिर जाने पर भी खोती नहीं है, वैसे ही ससूत्र अर्थात् शास्त्रज्ञान युक्त जीव संसार में पड़कर भी नष्ट नहीं होता।

—उत्त.सू. 29/60

✻ ✻ ✻

आत्मा शरीर से भिन्न

8. जो आत्मा को इस अपवित्र शरीर से तत्त्वतः भिन्न तथा ज्ञायक भावस्वरूप जानता है, वही समस्त शास्त्रों को जानता है।

—का.अनु. 465

✻ ✻ ✻

सब ज्ञानों में श्रेष्ठ

9. साधना की दृष्टि से श्रुतज्ञान सब ज्ञानों में श्रेष्ठ है।

—उत्त.चू. 1

✻ ✻ ✻

ज्ञान का अंकुश

10. मन रूपी उन्मत्त हाथी को वश में करने के लिए ज्ञान अंकुश के समान है।

—भ.आ. 760

✻ ✻ ✻

ज्ञान का प्रकाश

11. ज्ञान का उद्योत-प्रकाश ही सच्चा प्रकाश है, क्योंकि ज्ञान के प्रकाश का कोई प्रतिघात-प्रतिरोध या रुकावट नहीं है। सूर्य थोड़े से क्षेत्र को प्रकाशित करता है; किंतु ज्ञान अशेष-संपूर्ण जगत् को प्रकाशित करता है।

—अर्ह.प. 19/47

आत्म हित का मार्ग

12. (साधक) सुनकर ही कल्याण या आत्म-हित का मार्ग जान सकता है। सुनकर ही पाप या अहित को जाना जा सकता है। अतः सुनकर, हित और अहित दोनों को जानकर, जो श्रेयस्कर है, उसका सम्यक्-भली-भाँति आचरण करना चाहिए।

—दश.सू. 4/11

❋ ❋ ❋

8. सम्यक्-चारित्र

निर्वाण की प्राप्ति

1. जिसको सम्यग्दर्शन-श्रद्धा, विश्वास नहीं है, उसे सच्चा ज्ञान प्राप्त नहीं होता और सच्चे ज्ञान के बिना चारित्र आदि गुण नहीं सधते तथा चारित्र गुण के बिना कर्म-मुक्ति नहीं होती और कर्म-मुक्ति के बिना निर्वाण प्राप्त नहीं होता।

—उत्त.सू. 28/30

❋ ❋ ❋

चारित्रहीन व्यक्ति

2. शास्त्रों का अत्यधिक अध्ययन भी चरित्रहीन के लिए किस काम का? क्या करोड़ों दीपक जला देने पर भी अंधे को कोई प्रकाश मिल सकता है?

—आव.नि. 18

❋ ❋ ❋

शास्त्र का अध्ययन

3. शास्त्र का थोड़ा-सा अध्ययन भी सच्चरित्र साधक के लिए प्रकाश देनेवाला होता है। जिसकी आँखें खुली हैं, उसको एक दीपक भी पर्याप्त प्रकाश दे देता है।

—आव.नि. 99

❋ ❋ ❋

अनासक्त

4. कोई तो विषयों का सेवन करते हुए भी अनासक्त भाव के कारण सेवन

नहीं करता और कोई न सेवन करते हुए भी आसक्ति के कारण सेवन करता है। जैसे अतिथि रूप में आया कोई पुरुष विवाहादि कार्य में लगा रहने पर भी उस कार्य का स्वामी न होने से, उधर लिप्त न होने से कर्ता नहीं होता। अनासक्त व्यक्ति के साथ भी यही स्थिति होती है।

—अ.सा. 5/25

❋ ❋ ❋

आचरण का महत्त्व

5. तैरना जानते हुए भी यदि कोई जल-प्रवाह में कूदकर कायचेष्टा न करे, हाथ-पाँव न हिलाए तो वह प्रवाह में डूब जाता है। धर्म को जानते हुए भी यदि कोई उस पर आचरण न करे तो वह संसार-सागर को कैसे तैर सकेगा?

-उत्त.सू. 28/30

❋ ❋ ❋

इंद्रियों के विषय

6. शील (आचार) के बिना इंद्रियों के विषय ज्ञान को नष्ट कर देते हैं।

—शी.पा. 2

❋ ❋ ❋

महान् फल दाता

7. चारित्र से विशुद्ध हुआ ज्ञान यदि अल्प भी है, तब भी वह महान् फल देने वाला है।

—शी.पा. 6

❋ ❋ ❋

शीलगुण रहित

8. शीलगुण से रहित व्यक्तियों का मनुष्य जन्म पाना निरर्थक ही है।

—शी.पा. 15

❋ ❋ ❋

शील का परिवार

9. जीव दया, दम-आत्मसंयम-आत्मनियंत्रण, सत्य, अचौर्य, ब्रह्मचर्य, संतोष,

सम्यग्दर्शन, ज्ञान और तप—ये सब शील के परिवार हैं।

—शी.पा. 19

❋ ❋ ❋

मोक्ष का सोपान

10. शील (सदाचार) मोक्ष का सोपान है।

—शी.पा. 20

❋ ❋ ❋

विषयों से विरक्त

11. इंद्रियों के विषयों से वैराग्य-विरक्त रहना, शील है।

—शी.पा. 40

❋ ❋ ❋

विनय मूल

12. धर्म का मूल विनय (आचार) है।

—दश.सू. 9/2/2

❋ ❋ ❋

संयम में उत्तम

13. कई-कई भिक्षुओं से तो गृहस्थ भी संयम में उत्तम होते हैं; किंतु साधु-श्रमण सभी गृहस्थों से संयम में उत्तम-श्रेष्ठ होते हैं।

—उत्त.सू. 5/20

❋ ❋ ❋

आचरण

14. जो केवल बोलते हैं, करते कुछ नहीं, वे बंध और मोक्ष की बातें करनेवाले दार्शनिक केवल वाणी की वीरता से अपने आप को आश्वासन देनेवाले हैं।

—उत्तरा. 6/9

❋ ❋ ❋

गुणानुराग

15. यद्यपि तुम भारी तप करते हो, शास्त्रों का अध्ययन करते हो और अनेक कष्टों

को सहन करने हो, किंतु दूसरों के गुणों के प्रति अनुराग नहीं है तो ये सब निष्फल हैं।

—गुणानुराग कुलक 5

❋ ❋ ❋

दूषित आचरण

16. वल्कल के चीर, वस्त्र, मृगचर्म, नग्नता, जटा बढ़ाना, सिर-मुंडन इत्यादि नाना वेश दूषित आचरण वाले पुरुष की जरा भी रक्षा नहीं कर सकते।

—उत्त. 5/21

❋ ❋ ❋

9. चार उत्तम (दुर्लभ) संयोग

उत्तम संयोग

1. जीव के लिए सांसारिक प्राणी के लिए चार परम अंग-उत्तम संयोग अत्यंत दुर्लभ हैं—1.मनुष्य-भव, 2.धर्म-श्रुति-धर्म का सुनना, 3. धर्म में श्रद्धा और 4. संयम में धर्म में वीर्य-पराक्रम।

—उत्त.सू. 3/1

❋ ❋ ❋

कर्मानुसार गति

2. अपने कर्मों के अनुसार जीव कभी देवलोक में और कभी नरक में जाता है तो कभी असुर होता है।

—उत्त.सू. 3/3

❋ ❋ ❋

धर्म श्रवण

3. मनुष्य भव पाकर भी उस धर्म को सुनने का संयोग-अवसर पाना दुर्लभ है, जिसे सुनकर मनुष्य तप, क्षमा, संयम और अहिंसा को स्वीकार करता है।

—उत्त.सू. 3/8

श्रद्धा

4. कदाचित् धर्म का सुनना सुलभ भी हो तो उसमें श्रद्धा होना परम दुर्लभ है, क्योंकि न्याय मार्ग को सुनकर-जानकर भी अनेक जीव उससे परिभ्रष्ट हो जाते हैं—गिर जाते हैं।

—उत्त.सू. 3/9

❋ ❋ ❋

पुरुषार्थ

5. कदाचित् धर्म को सुनकर उसमें श्रद्धा भी हो जाए, किंतु धर्म में पुरुषार्थ करना—धर्माचरण में प्रयत्नशील होना तो और भी दुर्लभ होता है। धर्म में रुचि होने पर भी बहुत से (लोग) धर्म का पालन नहीं कर पाते हैं।

—उत्त.सू. 3/10

❋ ❋ ❋

कर्मों पर विजय

6. मनुष्य-जन्म पाकर जो धर्म को सुनता और श्रद्धा करता हुआ उसके अनुसार पुरुषार्थ का आचरण करता है, वह तपस्वी नए कर्मों को रोकता हुआ संचित कर्मरूपी रज को धुन डालता है—आत्मा से हटा देता है, मिटा देता है।

—उत्त.सू. 3/11

❋ ❋ ❋

पछतावा

7. जो इस जन्म में परलोक की हित साधना नहीं करता, उसे मृत्यु के समय पछताना पड़ता है।

—आव.नि. 837

❋ ❋ ❋

कापुरुष

8. जो बड़ी कठिनाई से मिलता है, बिजली की चमक की तरह जो चंचल है—ऐसे मनुष्य-जन्म को पाकर भी जो धर्म की आराधना में प्रमाद करता है, वह कापुरुष ही है, सत्पुरुष नहीं।

—आव.नि. 841

सर्वश्रेष्ठ पुंडरीक (कमल)

9. जो श्रमण-साधक अध्यात्मभाव रूप ज्ञान, दर्शन, चारित्र और विनय में प्रवर हैं—अति श्रेष्ठ हैं, वे ही विश्व के सर्वश्रेष्ठ पुंडरीक हैं।

—सू.कृ.नि. 156

10. मोक्षमार्ग

आत्मोत्कर्ष का मार्ग

1. जिनेंद्रदेव ने कहा है कि (सम्यक्) दर्शन, ज्ञान और चरित्र मोक्ष का मार्ग है। साधकों को इनका आचरण करना चाहिए। यदि वे स्वाश्रित होते हैं तो इनसे मोक्ष होता है और पराश्रित होते हैं, तो बंध होता है।

—पंचा. 164

***

कर्मक्षय का कारण

2. अभव्य जीव यद्यपि धर्म में श्रद्धा रखता है, उसकी प्रतीति करता है, उसमें रुचि रखता है, उसका पालन भी करता है; किंतु यह सब वह धर्म को भोग का निमित्त समझकर करता है, कर्मक्षय का कारण समझकर नहीं।

—अ.सा. 12/4

***

संसार से मुक्त

3. जिसकी मति काम (वासना) से निवृत्त है—मुक्त है, वह शीघ्र ही संसार से मुक्त हो जाता है।

—आ.नि. 177

***

समन्वित आराधना

4. ज्ञान प्रकाशक है—प्रकाश करनेवाला है, तप विशुद्धि-विशोधन करता है एवं संयम पापों का निरोध करता है। तीनों की समन्वित आराधना से ही मोक्ष होता है। यही जिनशासन में प्रतिपादित है।

—आ.नि. 103

मुक्तिरूप महाफल

5. भोग समर्थ होते हुए भी, जो भोगों का परित्याग करता है, वह कर्मों की महती अत्यधिक निर्जरा करता है, जिसका पर्यवसान–अंतिम निष्पत्ति मुक्तिरूप महाफल में होती है।

—भ.सू. 7/7/3

❋ ❋ ❋

संसार से पार होना

6. अनुस्रोत अर्थात् जागतिक प्रवाह में बहना–विषयासक्त रहना संसार है। प्रतिश्रोत अर्थात् जागतिक प्रवाह से विपरीत चलना, विषयों से विरक्त रहना, संसार–सागर से पार होना है।

—दश.चू. 2/3

❋ ❋ ❋

आत्मा में स्थित

7. मैंने सुना है, आत्मा में अनुभव किया है, स्थिर किया है कि बंध और मोक्ष अपनी आत्मा में ही स्थित है।

—आचा.सू. 1/5/2/36

❋ ❋ ❋

तत्त्वज्ञान

11. तत्त्वज्ञान

नव तत्त्व

1. जीव, अजीव, बंध, पुण्य, पाप, आस्रव, संवर, निर्जरा और मोक्ष—ये नौ तत्त्व या पदार्थ हैं।

—उत्त.सू. 28/14

❊ ❊ ❊

जीव का लक्षण उपयोग

2. जीव का लक्षण उपयोग (चेतना) है। जीव अनादि है, न उसका आदि है और न अंत। वह अनादि-अनंत है, शरीर से भिन्न है, अरूपी है और अपने कर्म का कर्ता-भोक्ता है।

—ध्या.श. 15

❊ ❊ ❊

अजीव

3. श्रमण वृंद उसे अजीव कहते हैं, जिसे कभी सुख-दुःख का ज्ञान नहीं होता, हित के प्रति उद्यम और अहित का भय नहीं होता।

—पंचा. 125

❊ ❊ ❊

अजीव के प्रकार

4. अजीव द्रव्य पाँच प्रकार के हैं—पुद्गल, धर्म, अधर्म, आकाश और काल।

इनमें से पुद्गल रूपादि गुणयुक्त होने से मूर्त हैं। शेष चारों अमूर्त हैं।

—द्र.सं. 15

❋ ❋ ❋

आत्मा अमूर्त

5. आत्मा (जीव) अमूर्त है। अतः वह इंद्रियों द्वारा ग्राह्य नहीं है। अमूर्त होने से नित्य है। आत्मा के आंतरिक रागादि भाव ही निश्चयतः बंध के कारण है और बंध संसार का हेतु कहा गया है।

—उत्त.सू. 14/19

❋ ❋ ❋

जीव का बंध

6. रागयुक्त आत्मा ही कर्म-बंध करती है। रागरहित आत्मा कर्मों से मुक्त होती है। यह निश्चयदृष्टि से संक्षेप में जीवों के बंध का प्रतिपादन है।

—प्र.सा. 2/87

❋ ❋ ❋

राग विजेता

7. इसलिए मोक्षाभिलाषी को तनिक भी राग नहीं करना चाहिए। ऐसा करने से वह वीतराग-राग विजेता होकर भवसागर को तैर जाता है।

—पंचा. 172

❋ ❋ ❋

तत्व-ज्ञान

8. यह निश्चित सिद्धांत है कि आत्मा के बिना ज्ञान नहीं है—ज्ञान का अस्तित्व नहीं है और ज्ञान के बिना आत्मा नहीं है।

—नि.सा. 171

❋ ❋ ❋

सत असत्

9. भाव (सत्) का कभी नाश नहीं होता और अभाव (असत्) का कभी उत्पाद (जन्म) नहीं होता।

—पंचा. 15

पुण्य पाप

10. आत्मा का शुभ परिणाम (भाव) पुण्य है और अशुभ परिणाम पाप है।

—पंचा. 132

❋ ❋ ❋

कर्मों का भारीपन एवं हल्कापन

11. भगवन्! यह जीव गुरुत्व (कर्मों का भारीपन) और लघुत्व (कर्मों का हल्कापन) कैसे प्राप्त करता है?

—ज्ञाता. 1/6/4

❋ ❋ ❋

12. 1. प्राणातिपात (हिंसा), 2. असत्य, 3. चोरी, 4. मैथुन, 5. ममत्व, 6. क्रोध, 7. मान, 8. माया, 9. लोभ, 10. राग, 11. द्वेष, 12. कलह, 13. दोषारोपण, 14. चुगली, 15, असंयम में रति तथा संयम में अरति, 16. निंदा, 17. माया-मृषा और 18. मिथ्यादर्शन—ये अठारह पाप हैं। इनके सेवन से जीव आठ कर्मप्रकृतियों का बंध करता है। कर्म-बंध से जीव भारी होकर अधोगति में जाता है तथा इन अठारह पापों से विरत होने पर क्रमशः आठ कर्म-प्रकृतियों का क्षय कर लघुत्व प्राप्त करता है, ऊर्ध्वगमन करता है।

—ज्ञाता. 1/6/8

❋ ❋ ❋

तत्त्व-बोधहीन

13. जितने भी अज्ञानी-तत्त्व बोधहीन पुरुष हैं, वे सब दुःख के पात्र हैं। इस अनंत संसार में वे मूढ़ प्राणी बार-बार विनाश को प्राप्त होते रहते हैं।

—उत्त.सू. 6/1

❋ ❋ ❋

कषाय-विजय

12. क्रोध

नरकगति में गमन

1. पर्वत पर–पाषाण पर खींची गई रेखा के समान जीवन में कभी नहीं मिटनेवाला उग्र क्रोध आत्मा को नरक गति में ले जाता है।

—स्था.सू. 4/2

❋ ❋ ❋

चरित्र की हानि

2. ज्यों–ज्यों क्रोधादि कषाय की वृद्धि होती है, त्यों–त्यों चारित्र की हानि होती है।

—नि.भा. 2790

❋ ❋ ❋

क्रोध का परिणाम

3. क्रोध में अंधा हुआ मनुष्य पास में खड़ी माँ, बहन और बच्चे की भी हत्या करने को उतारू हो जाता है।

—वसु.श्रा. 67

❋ ❋ ❋

पिशाच–ग्रस्त

4. क्रोधग्रस्त मनुष्य का वर्ण नीला पड़ जाता है, वह हतप्रभ हो जाता है तथा उसके मुख की प्रभा नष्ट हो जाती है। वह अरति–व्यग्रता, बेचैनी की आग से

जलने लगता है। शीतकाल में भी उसे प्यास लगने लगती है तथा पिशाच-ग्रस्त मनुष्य की तरह वह काँपने लगता है।

—भ.आ. 1360

✻ ✻ ✻

क्रोध का आगमन

5. क्रोध शत्रु का उपकार करनेवाला होता है। क्रोध क्रोधी और उसके बांधवों के लिए शोकजनक होता है। क्रोध जब मनुष्य में आता है, तब वह उसके पराभव का कारण होता है और अपने वश में हुए व्यक्ति का नाश कर देता है।

—भ.आ. 1365

✻ ✻ ✻

क्रोध रूपी अग्नि

6. जैसे खलिहान में रखे गए किसान द्वारा वर्षभर में अर्जित अनाज को अग्नि की एक धधकती चिनगारी जला डालती है, वैसे ही क्रोधरूपी अग्नि श्रामण्य के सार को-श्रमण जीवन के सभी उत्कृष्ट गुणों को जला डालती है।

—भ.आ. 1367

✻ ✻ ✻

प्रीति का नाश

7. क्रोध प्रीति का नाश करनेवाला है।

—दश.सू. 8/38

✻ ✻ ✻

क्रोध में अंधा

8. क्रोध में अंधा हुआ व्यक्ति सत्य, शील और विनय का नाश कर डालता है।

—प्रश्न.सू. 2/2

✻ ✻ ✻

क्रोध

9. क्रोध से मनुष्य का अत्यंत प्यारा व्यक्ति भी क्षण भर में शत्रु हो जाता है। क्रोधी व्यक्ति के अनुचित आचरण से अत्यंत प्रसिद्ध उसका यश भी नष्ट हो जाता है।

—अर्ह.प्र. 7/35

क्षमाभाव

10. क्रोध को जीत लेने से क्षमाभाव जाग्रत् होता है।

—उत्त.सू. 29/67

***

नीच गति

11. क्रोधित आत्मा 'स्व' एवं 'पर' दोनों को जलाती है। अर्थ, धर्म एवं काम को जलाती है, तीव्र बैर भी कराती है और व्यक्ति नीच गति को प्राप्त करता है।

—इति. 36/13

***

संसार का प्रवाह

12. जो मनुष्य क्रोधी, अविवेकी, अभिमानी, दुर्वादी (कटुभाषी) कपटी तथा धूर्त है, वह संसार के प्रवाह में वैसे ही बह जाता है, जैसे जल के प्रवाह में काष्ठ।

—दश.सू. 9/2/3

***

13. दंभ

बालप्रज्ञ

1. जो अपनी प्रज्ञा के अहंकार में दूसरों की अवज्ञा करता है, वह मूर्खबुद्धि (बालप्रज्ञ) है।

—सु.कृ.सू. 1/13/14

***

अहंकार

2. पत्थर के खंभे के समान जीवन में कभी नहीं झुकनेवाला अहंकार आत्मा को नरकगति की ओर ले जाता है।

—स्था.सू. 4/2

***

निरभिमानी

3. निरभिमानी मनुष्य सभी को सदा प्यारा लगता है। वह ज्ञान, यश और संपत्ति

प्राप्त करता है तथा अपना प्रत्येक कार्य सिद्ध करता है।

—भ.आ. 1379

❋ ❋ ❋

14. मोह

ममता का बंधन

1. साधक ममत्व के बंधन को उसी प्रकार छिन्न कर डाले-तोड़ फेंके, जैसे महानाग शरीर पर आए हुए कंचुक (केचुल) को उतार फेंकता है।

—उत्त.सू. 19/86

❋ ❋ ❋

मोह का क्षय

2. जिस वृक्ष की जड़ सूख गई हो, उसे कितना ही सींचा जाए, वह कभी हरा-भरा नहीं होता। मोह के क्षीण होने पर कर्म भी फिर अंकुरित नहीं होते, हरे-भरे नहीं होते।

—दशा.सू. 5/14

❋ ❋ ❋

मोह रूपी अग्नि

3. बाहर जलती हुई अग्नि को थोड़े से जल से शांत किया जा सकता है, किंतु मोह अर्थात् तृष्णा रूप अग्नि को समस्त समुद्रों के जल से भी शांत नहीं किया जा सकता।

—इसि. 3/10

❋ ❋ ❋

कर्मों का नाश

4. जैसे सेनापति के मारे जाने पर सेना नष्ट हो जाती है, वैसे ही एक मोहनीय-कर्म के क्षय होने पर समस्त कर्म सहज ही नष्ट हो जाते हैं।

—दशा.सू. 5/12

❋ ❋ ❋

मोह का परिणाम

5. मोह के कारण जीव बार-बार जन्म-मरण को प्राप्त होता है।

—आचा.सू. 1/5/1/148

15. माया

माया का प्रभाव

1. जीव, जन्म और मरण से होनेवाले दुःख को जानता है, उसका विचार भी करता है; किंतु विषयों से विरक्त नहीं हो पाता है। अहो! माया की गाँठ कितनी सुदृढ होती है।

—*उप.मा. 204*

❋ ❋ ❋

माया की गाँठ

2. जो साधक समस्त पदार्थों को त्याग कर नग्न विचरता है, कठोर तपस्या के द्वारा जिसने अपना रक्त-मांस सुखा दिया है, महीनों तक निराहार रहकर जिसने अपनी देह को कृश बना लिया है, उस साधक ने भी यदि माया की गाँठ नहीं तोड़ी तो उसे अनंत बार गर्भ में आना होगा। (अर्थात् जन्म-मरण के चक्र में पड़ना होगा।)

—*सू.कृ.सू. 1/2/1/9*

❋ ❋ ❋

सत्य का नाश

3. एक माया-सहस्त्रों सत्यों को नष्ट कर डालती है।

—*भ.आ. 1/3/8/4*

❋ ❋ ❋

गाँठदार दंभ

4. बाँस की जड़ के समान अति निविड़—गाँठदार दंभ आत्मा को नरक गति की ओर ले जाता है।

—*स्था.सू. 4/2/282*

❋ ❋ ❋

माया मृषा

5. माया-मृषावाद लोभ के दोषों को बढ़ाता है।

—*उत्त.सू. 32/30*

16. तृष्णा

लोभ

1. जैसे-जैसे लाभ होता है, वैसे-वैसे लोभ होता है। लाभ से लोभ बढ़ता जाता है। दो माशा सोने से निष्पन्न (पूरा) होनेवाला कार्य करोड़ों स्वर्ण-मुद्राओं से भी पूरा नहीं हुआ। (यह निष्कर्ष कपिल नामक व्यक्ति की तृष्णा के उतार-चढ़ाव के परिणाम को सूचित करता है।)

—उत्त.सू. 8/17

❋ ❋ ❋

तृष्णा और मोह

2. जैस बलाका (बगुली) अंडे से उत्पन्न होती है और अंडा बलाका से उत्पन्न होता है, उसी प्रकार तृष्णा मोह से उत्पन्न होती है और मोह तृष्णा से उत्पन्न होता है।

—उत्त.सू. 32/6

❋ ❋ ❋

अनंत इच्छाएँ

3. कदाचित् कैलाश के समान सोने और चाँदी के असंख्य पर्वत प्राप्त हो जाएँ, फिर भी लोभी पुरुष को उनसे तृप्ति नहीं होती, क्योंकि इच्छाएँ आकाश के समान अनंत हैं।

—उत्त.सू. 9/48

❋ ❋ ❋

असंतोष

4. चावल और जौ आदि धान्य तथा सोने, चाँदी और पशुओं से भरी हुई यह समस्त पृथ्वी भी लोभी की तृष्णा को शांत करने में असमर्थ है, यह जानकर संतोषरूपी तप का आचरण करें।

—उत्त.सू. 9/49

असत्य का आश्रय

5. लोभ का प्रसंग आने पर व्यक्ति असत्य का आश्रय ले लेता है।

—आचा.सू. 2/15/781/3

***

नरक गति

6. कृमिराग (मजीठ के रंग) के समान जीवन में कभी नहीं छूटनेवाला लोभ आत्मा को नरक गति की ओर ले जाता है।

—स्था.सू. 4/2/284

***

मनचाहा लाभ

7. मनचाहा लाभ न होने पर झुंझलाएँ नहीं।

—दश.सू. 8/29

***

संतोष

8. लोभ को जीत लेने से संतोष की प्राप्ति होती है।

—उत्त.सू. 29/70

***

आशा से ग्रस्त

9. जिसका चित्त लोभ से लपट हो रहा है, जिसे संतोष नहीं है, जो सदा हाय-हाय करता रहता है, जो आशा से ग्रस्त है, उसे क्या कभी सुख हो सकता है?

—भ.आ. 1145

***

17. मिथ्यात्व

मिथ्यात्व

1. जो जीव मिथ्यात्व से ग्रस्त होता है, उसकी दृष्टि विपरीत हो जाती है। उसे धर्म भी रुचिकर नहीं लगता, जैसे ज्वरग्रस्त मनुष्य को मधुर रस भी अच्छा नहीं लगता।

—पंचा. 1/6

बहिरात्मा

2. मिथ्यादृष्टि जीव तीव्र कषाय से पूरी तरह आविष्ट होकर, अभिभूत होकर जीव और शरीर को एक मानता है। वह बहिरात्मा है।

—का.अनु. 193

❋ ❋ ❋

बैरभाव की वृद्धि

3. शत्रुभावयुक्त पुरुष औरों के साथ बैर-शत्रुता करता है और फिर दूसरों के बैर का भागी होता है, दूसरे उसके साथ शत्रुता करते हैं। इस तरह से बैर आगे बढ़ता जाता है। पापोत्पन्न करनेवाले आरंभ-अंत में दुःखकारक होते हैं।

—सू.कृ.सू. 1/8/7

❋ ❋ ❋

नरकगति का मार्ग

4. पत्थर के खंभे के समान जीवन में कभी नहीं झुकनेवाला अहंकार आत्मा को नरकगति में ले जाता है।

—स्था.सू. 4/2/283

❋ ❋ ❋

चार दुर्गुण

5. क्रोध, दुराग्रह, अकृतज्ञता और मिथ्यात्व—इन चार दुर्गुणों के कारण मनुष्य में विद्यमान गुण भी नष्ट हो जाते हैं।

—स्था.सू. 4/4/629

❋ ❋ ❋

चार पशु-कर्म

6. कपट, धूर्तता, असत्यवचन और कूट तुलामान (खोटे तोल माप)—ये चार प्रकार के व्यवहार पशुकर्म हैं। इनसे जीव पशुयोनि में जन्म लेता है।

—स्था.सू. 4/4/629

18. परिग्रह

पापों की जड़

1. जीव परिग्रह के निमित्त हिंसा करता है, असत्य बोलता है, चोरी करता है, मैथुन का सेवन करता है और अत्यधिक मूर्च्छा करता है, इस तरह परिग्रह पाँचों पापों की जड़ है।

—भा.पा. 132

❋ ❋ ❋

परिग्रह के प्रकार

2. परिग्रह दो प्रकार के होते हैं—आभ्यंतर और बाह्य। आभ्यंतर परिग्रह चौदह प्रकार के हैं—

   1. मिथ्यात्व, 2. स्त्रीवेद, 3. पुरुषवेद, 4. नपुंसकवेद, 5. हास्य, 6. रति, 7. अरति, 8. शोक, 9. भय, 10. जुगुप्सा, 11. क्रोध, 12. मान, 13. माया और 14. लोभ।

   बाह्य परिग्रह दस प्रकार के हैं—

   1. खेत, 2. मकान, 3. धन-धान्य, 4. वस्त्र, 5. भाँड, 6. दास-दासी, 7. पशु, 8. यान, 9. शय्या और 10. आसन।

—भ.आ. 1118-19

❋ ❋ ❋

परिग्रह त्याग आवश्यक

3. जैसे हाथी को वश में रखने के लिए अंकुश होता है, नगर की रक्षा के लिए खाई होती है, वैसे ही इंद्रियों को वश में करने के लिए परिग्रह-त्याग आवश्यक है।

—भ.आ. 1168

❋ ❋ ❋

मूर्च्छा

4. मूर्च्छा को ही वस्तुतः परिग्रह कहा है।

—दश.सू. 6/21

कर्मों का दुष्फल

5. यथावसर संचित धन को तो दूसरे हड़प लेते हैं और संग्रही को अपने पाप कर्मों का दुष्फल भोगना पड़ता है।

—सू.कृ.सू. 1/9/4

* * *

परिग्रह में निमग्न

6. जो परिग्रह (संग्रहवृत्ति) में निविष्ट हैं—आकंठ निमग्न हैं, वे संसार के प्रति बैर ही बढ़ाते हैं।

—सू.कृ.सू. 1/9/3

* * *

परिग्रह की गाँठ

7. जिसके आभ्यंतर में ग्रंथि (परिग्रह की गाँठ) है, उसका बाह्य त्याग व्यर्थ है।

—भा.पा. 13

19. रागद्वेष

लोभ

1. राग और द्वेष कर्म के बीज (मूल कारण) हैं। कर्म मोह से उत्पन्न होता है। वह जन्म-मरण का मूल है। जन्म-मरण को दुःख का मूल कहा गया है।

—उत्त.सू. 32/7

* * *

राग और द्वेष

2. पापकर्म के प्रवर्तक राग और द्वेष—ये दो पाप हैं। जो भिक्षु सदा इनका निरोध करते हैं, वे मंडल (संसार) में परिभ्रमण नहीं करते, मुक्त हो जाते हैं।

—उत्त.सू. 31/3

* * *

अनियंत्रित राग-द्वेष

3. अत्यंत तिरस्कृत, समर्थ शत्रु भी उतनी हानि नहीं पहुँचाता, जितनी हानि अनियंत्रित राग और द्वेष पहुँचाते हैं।

—म.स.प्र. 198

संयम रूपी नौका

4. यदि तू घोर भवसागर के पार (तट पर) जाना चाहता है, तो हे सुविहित! उत्तम कार्यकारिन्! शीघ्र ही तप-संयम रूपी नौका को ग्रहण कर।

—म.स.प्र. 202

* * *

आस्त्रव द्वारों पर प्रतिबंध

5. मोक्ष की प्राप्ति के लिए कर्म के आगमन-द्वारों-आस्त्रवों तथा इंद्रियों का तीन करण (मन, वचन, कर्म) तथा तीन योग (कृत, कारित, अनुमोदित) से निरोध करो तथा कषायों का अंत करो।

—म.स.प्र. 619

* * *

संयम में प्रवृत्ति

6. एक ओर से असंयम से निवृत्ति तथा दूसरी ओर संयम में प्रवृत्ति करनी चाहिए।

—उत्त.सू. 31/2

* * *

राग द्वेष की प्रवृत्ति

7. जरा सी खटाई जिस प्रकार दूध को फाड़ डालती है, उसी प्रकार राग-द्वेषात्मक प्रवृत्ति संयम को नष्ट कर देती है।

—इसि. 3/7

* * *

परनिंदा

8. परनिंदा को सर्वथा त्याग देना चाहिए और अपने गुणों की प्रशंसा से दूर रहना चाहिए।

—पुण्यकुलम् 7

* * *

मंद और तीव्र कर्मबंध

9. राग की जैसी मंद, मध्यम और तीव्र मात्रा होती है, उसी के अनुसार मंद,

मध्यम और तीव्र कर्मबंध होता है।

—*बृ.क.भा. 2515*

✻ ✻ ✻

20. चार कषाय

चार दुर्गुण

1. क्रोध, मान, माया और लोभ—ये चारों दुर्गुण पाप की वृद्धि करनेवाले हैं। जो अपनी आत्मा की भलाई चाहते हैं, उन्हें इन दोषों का परित्याग कर देना चाहिए।

—*दश.सू. 8/37*

✻ ✻ ✻

कषाय पर विजय

2. क्रोध को उपशम-शांति से, मान को मार्दव-मृदुता से, माया को ऋजुभाव-सरलता से और लोभ को संतोष से जीतें।

—*दश.सू. 8/39*

✻ ✻ ✻

पापपूर्ण परिणाम

3. विवेकी पुरुष अपने हाथ, पाँव, मन और पाँचों इंद्रियों को वश में रखें। पापपूर्ण परिणाम, दुष्ट मनोभाव एवं भाषादोष से अपने को बचाएँ।

—*सू.कृ.सू. 1/8/17*

✻ ✻ ✻

पुन: पापकर्म नहीं करें

4. विवेकी पुरुष, जाने-अनजाने में अपने से कोई अधर्म-कृत्य हो जाए तो अपनी आत्मा को शीघ्र उससे हटा लें—प्रायश्चित्त द्वारा पाप का प्रक्षालन कर आत्मा को निर्मल बना लें, फिर दूसरी बार वैसा पाप—कृत्य न करें।

—*दश.सू. 8/31*

✻ ✻ ✻

कषायरूपी अग्नियाँ

5. क्रोध, मान, माया और लोभ—ये चार कषायरूपी अग्नियाँ हैं। श्रुत और तप

जल हैं। श्रुतादि रूप जलधारा से अभिसंचित होने पर, शांत किए जाने पर ये अग्नियाँ मुझे नहीं जलातीं।

—उत्त.सू. *23/53*

***

कषायोन्मत्त

6. वात, पित्त आदि विकारों से मनुष्य उतना उन्मत्त-विक्षिप्त नहीं होता, जितना वह कषायों से होता है। कषायोन्मत्त ही वस्तुत: उन्मत्त है।

—*भ.आ. 1331*

***

कषाय का विनाश

7. जिसके पास मोह नहीं है, उसने दु:ख का नाश कर दिया। जिसके पास तृष्णा नहीं है, उसने मोह का नाश कर दिया। जिसके पास लोभ नहीं है, उसने तृष्णा का नाश कर दिया (और) जिसके पास कुछ नहीं है—जो अकिंचन है, उसने लोभ का (ही) नाश कर दिया।

—उत्त.सू. *32/8*

***

तीव्र कषाय

8. क्रोध प्रीति को नष्ट करता है, मान विनय को नष्ट करता है, माया-कपट, जालसाजी आदि मैत्री को नष्ट करती है और लोभ सब कुछ नष्ट कर देता है।

—दश.सू. *8/38*

***

आत्मा को स्थिर करें

9. क्रोध, मान, माया और लोभ को सर्वथा—सर्व प्रकार से नियंत्रित कर तथा इंद्रियों को वश में कर आत्मा को स्थिर करना चाहिए।

—उत्त.सू. *22/47*

***

जागरूक बनो

10. ऋण को थोड़ा, घाव को छोटा, आग को तनिक और कषाय को अल्प मान

विश्वस्त होकर नहीं बैठ जाना चाहिए, क्योंकि ये थोड़े ही बढ़कर बहुत हो जाते हैं।

—आव.नि. 120

❋ ❋ ❋

कर्म का मूल कषाय

11. संसार का मूल कर्म है और कर्म का मूल कषाय है।

—आव.नि. 189

❋ ❋ ❋

मनोनिग्रह

21. मन

ज्ञान रूपी लगाम

1. भागते हुए दुष्ट अश्व को मैं ज्ञानरूपी लगाम से अच्छी तरह नियंत्रित करता हूँ। इससे मेरा अश्व उन्मार्ग पर, गलत रास्ते पर नहीं जाता है, वह ठीक मार्ग को ग्रहण करता हुआ चलता है।

—उत्त. सू. 23/56

❋ ❋ ❋

दुष्ट अश्व

2. मन ही वह दुःसाहसी, रौद्र और दुष्ट अश्व है, जो चारों ओर दौड़ता है। मैं उसको कन्थक-जातिवान, सुधरे हुए अश्व की भाँति धर्म-शिक्षा द्वारा नियंत्रित करता हूँ।

—उत्त. सू. 23/58

❋ ❋ ❋

अनेकचित्त

3. यह मनुष्य अनेकचित्त है अर्थात् अनेकानेक कामनाओं के कारण मनुष्य का मन बिखरा हुआ रहता है। वह अपनी कामनाओं की पूर्ति क्या करना चाहता है, मानो छलनी को जल से भरना चाहता है।

—आचा. सू. 1/3/2/7

विकारों के शल्य

4. मन में रहे हुए विकारों के सूक्ष्म शल्य को निकालना बहुत कठिन है।

—सू.कृ.सू. 1/2/2/11

❋ ❋ ❋

अशुभ एवं शुभ भाव

5. मन को अकुशल (अशुभ) विचारों से रोकना चाहिए तथा कुशल (शुभ) विचारों के लिए प्रेरित करना चाहिए।

—व्य.भा.पी. 77

❋ ❋ ❋

अशांत मन

6. जैसे बंदर क्षण भर भी शांत होकर नहीं बैठ सकता, वैसे ही मन भी विषय-वासनामूलक संकल्प-विकल्प से हटकर क्षणभर के लिए भी शांत नहीं होता।

—भा.पा. 84

❋ ❋ ❋

मन को समझना कठिन

7. मनुष्य का मन बड़ा गहरा है, इसे समझ पाना कठिन है।

—इसि. 4/6

❋ ❋ ❋

आत्मा का दिव्य रूप

8. मन रूपी जल, जब निर्मल एवं स्थिर हो जाता है, तब उसमें आत्मा का दिव्य रूप झलकने लगता है।

—त.सा. 41

❋ ❋ ❋

मन का संयम

9. अकुशल मन का निरोध और कुशल मन का प्रवर्तन—मन का संयम है।

—दश.चू. 1

सच्चा निर्ग्रंथ

10. जो अपने मन को अच्छी तरह परखना जानता है, वही सच्चा निर्ग्रंथ होता है।

—आचा.सू. 2/15/778/2

***

मन का वशीकरण

11. जैसे उन्मत्त जंगली हाथी, वरत्रा (हाथी को बाँधने की साँकल) से वश में कर लिया जाता है, वैसे ही मन रूपी हाथी ज्ञान रूपी वस्त्र से वश में हो जाता है।

—भ.आ. 763

***

मन का निग्रह

12. इन मन के निग्रह मात्र से ही संसार के कारणभूत राग-द्वेष आदि दोष शीघ्र ही नाश को प्राप्त होते हैं।

—भ.आ. 140

***

कर्म सूत्र

22. कर्म-सूत्र

संचित कर्म

1. इस जगत् में जो प्राणी हैं, वे अपने-अपने संचित कर्मों से ही संसार-भ्रमण करते हैं और स्वकृत कर्मों के अनुसार ही भिन्न-भिन्न योनियों में जन्म लेते हैं। फल भोगे बिना उपार्जित कर्मों से प्राणी का छुटकारा नहीं होता।

—सू.कृ.सू. 1/2/1/4

❋ ❋ ❋

संसार-चक्र में भ्रमण

2. सभी प्राणी अपने-अपने कर्मों के अनुसार ही पृथक्-पृथक् योनियों में अवस्थित हैं। कर्मों की अधीनता के कारण अव्यक्त दु:ख से दु:खित प्राणी जन्म, जरा और मरण से सदा भयभीत रहते हुए चार गति रूप संसार-चक्र में भटकते रहते हैं।

—सू.कृ.सू. 1/2/3/18

❋ ❋ ❋

संसार में परिभ्रमण

3. जिन कर्मों से बँधा हुआ यह जीवन संसार में परिभ्रमण करता है, वे संख्या में आठ हैं। यथाक्रम उनका वर्णन किया जाता है।

—उत्त.सू. 33/1

❋ ❋ ❋

आठ प्रकार के कर्म

4. 1. ज्ञानावरणीय, 2.दर्शनावरणीय, 3. वेदनीय, 4. मोहनीय, 5. आयु, 6. नाम,

7. गोत्र और 8. अंतराय; ये संक्षेप में आठ कर्म हैं।

—उत्त.सू. 33/2,3

* * *

मानसिक भाव

5. जिस-जिस समय जीव जैसे-जैसे भाव करता है, वह उस समय वैसे ही शुभ-अशुभ कर्मों का बंध करता है।

—उप.मा. 24

* * *

प्रमादवश

6. जीव कर्मों का बंध करने में स्वतंत्र है, परंतु उस कर्म का उदय होने पर फल भोगने में उसके अधीन हो जाता है। जैसे कोई पुरुष स्वेच्छा से वृक्ष पर चढ़ तो जाता है, किंतु प्रमादवश नीचे गिरते समय परवश हो जाता है।

—बृ.क.भा. 2989

* * *

जीव कर्म के अधीन

7. कहीं जीव कर्म के अधीन होते हैं तो कहीं कर्म जीव के अधीन होते हैं। जैसे कहीं (ऋण देते समय तो) धनी प्रबल होता है, उसका वश-जोर चलता है तो कहीं (ऋण लौटाते समय) कर्जदार प्रबल हो जाता है, क्योंकि ऋण वापस लौटाना, न लौटाना तो उसी के हाथ में होता है।

—बृ.क.भा. 2690

* * *

कर्म मल का संचय

8. (प्रमत्त मनुष्य) शरीर और वाणी से मत्त होता है तथा धन और स्त्रियों में गृद्ध- लोलुप होता है। वह राग और द्वेष, दोनों से उसी प्रकार कर्म-मल का संचय करता है, जैसे शिशुनाग (अलस या केंचुआ) मुख और शरीर, दोनों से मिट्टी का संचय करता है।

—उत्त.सू. 5/10

कर्ता का अनुगमन

9. ज्ञातिजन-सगोत्रीय पारिवारिकजन, संबंधी, मित्र-वर्ग, पुत्र और बांधव उसका (व्यक्ति का) दुःख नहीं बँटा सकते। वह स्वयं अकेला दुःख का अनुभव करता है, क्योंकि कर्म कर्ता का ही अनुगमन करता है।

—उत्त.सू. 13/23

❋ ❋ ❋

मन दूषित न होने दो

10. कर्म करो, किंतु मन को दूषित न होने दो।

—सू.कृ.चू. 1/2/2

❋ ❋ ❋

कर्मों से मुक्त

11. जीव रागयुक्त होकर कर्म बाँधता है और विरागयुक्त-विरक्त होकर कर्मों से मुक्त होता है।

—स.सा. 150

❋ ❋ ❋

कर्म का फल

12. अतीत में जैसा भी कुछ कर्म किया गया है, भविष्य में वह उसी रूप में उपस्थित होता है—फलित होता है।

—सू.कृ.सू. 1/5/2/23

❋ ❋ ❋

कर्मक्षय कैसे हो?

13. जब तक निरपेक्ष-अपेक्षावर्जित, आकांक्षा रहित त्याग नहीं होता है, तब तक साधक की चित्तशुद्धि नहीं होती है और जब तक चित्तशुद्धि नहीं होती, तब तक कर्मक्षय कैसे हो सकता है?

—प्र.सा. 3/20

❋ ❋ ❋

आचार का सम्यक् पालन

14. जिस प्रकार पुराने, सूखे, खोखले काष्ठ को अग्नि शीघ्र ही जला डालती है,

उसी प्रकार निष्ठा के साथ आचार का सम्यक् पालक करनेवाला साधक कर्मों को नष्ट कर डालता है।

—आचा.नि. 234

❋ ❋ ❋

रागद्वेष का अध्यवसाय

15. कर्मबंध वस्तु से नहीं, राग और द्वेष के अध्यवसाय परिणाम से होता है।

—स.सा. 265

❋ ❋ ❋

अच्छे व बुरे कर्म

16. अच्छे कर्मों का फल अच्छा होता है। बुरे कर्मों का फल बुरा होता है।

—औप.सू. 56

❋ ❋ ❋

कर्म अंकुर का प्रस्फुटन

17. जब बीज दग्ध हो जाते हैं—जल जाते हैं, तब उनसे नवीन अंकुर प्रस्फुटित नहीं होते। इसी प्रकार कर्म-बीजों के दग्ध हो जाने पर पुनः उनसे जन्म-मरण रूप अंकुर प्रस्फुटित नहीं होते।

—दशा.सू. 5/7/15

❋ ❋ ❋

मानसिक निर्मलता

18. साधना में मनः प्रसाद (मानसिक निर्मलता) ही कर्म-निर्जरा का मुख्य कारण है।

—व्य.भा.पी. 6/190

❋ ❋ ❋

राग की मात्रा

19. राग की जैसी मंद, मध्यम और तीव्र मात्रा होती है, उसी के अनुसार मंद, मध्यम और तीव्र कर्मबंध होता है।

—बृ.क.भा. 2515

रागादि दोषों का निरोध

20. जिस किसी भी अनुष्ठान से रागादि दोषों का निरोध होता हो तथा पूर्व संचित कर्म क्षीण होते हों, वे सब उपाय-अनुष्ठान मोक्ष के उसी प्रकार साधक हैं, जिस प्रकार रोग को शमन करनेवाले प्रत्येक अनुष्ठान चिकित्सा के रूप में आरोग्यप्रद हैं।

—बृ.क.भा. 3331

❋ ❋ ❋

कर्मों से छुटकारा

21. फल भोगे बिना कृत कर्मों से छुटकारा नहीं हो सकता है।

—उत्त.सू. 4/3

❋ ❋ ❋

भावना (अनुप्रेक्षा) सूत्र

23. भावना-योग

भावनाओं का चिंतन

1. मोक्षार्थी मुनि सर्वप्रथम धर्मध्यान द्वारा अपने चित्त को सुभावित करे। बाद में धर्मध्यान से उपरत होने पर भी सदा अनित्य, अशरण आदि बारह भावनाओं के चिंतन में लीन रहे।

—ध्या.श. 65

❋ ❋ ❋

बारह भावनाएँ

2. अनित्य, अशरण, एकत्व, अन्यत्व, संसार, लोक, अशुचि, आस्रव, संवर, निर्जरा, धर्म और बोधि—इन बारह भावनाओं का चिंतन करना चाहिए।

—भ.आ. 1715

❋ ❋ ❋

भावना योग से शुद्ध

3. जिस साधक की अंतरात्मा भावना-योग से शुद्ध हो गई है, वह जल में नौका के समान है। अर्थात् जैसे नौका अथाह जल को तैर कर पार पहुँच जाती है, वैसे ही वह साधक संसार-सागर को (भावना योग द्वारा) तैर जाता है, सब दुःखों से छूट जाता है।

—सू.कृ.सू. 1/15/5

❋ ❋ ❋

भाव से शून्य

4. भाव (भावना) से शून्य मनुष्य कभी सिद्धि नहीं प्राप्त कर सकता।

—भा.पा. 4

भाव से ही बंध और मोक्ष

5. परिणाम (भाव) से ही बंध और परिणाम से ही मोक्ष होता है, ऐसा निजशासन में प्रतिपादित है।

—भा.पा. 116

* * *

ध्यानरूपी कुठार

6. जो भाव से श्रमण हैं, वे ध्यानरूप कुठार से भव-वृक्ष को काट डालते हैं।

—भा.पा. 122

* * *

सभी भाव यथार्थ

7. वीतराग पुरुष ने जो-जो भाव कहे हैं, वे सब वास्तव में यथार्थ हैं। जिनकी अंतरात्मा सदा सत्य भावों से ओतप्रोत रहती है, वे सभी जीवों के प्रति मैत्री भाव रखते हैं।

—सू.कृ.सू. 1/15/3

* * *

24. अनित्य-भावना

कामभोग अनित्य

1. समय बीतता जा रहा है, रातें भागी जा रही हैं। मनुष्य के कामभोग नित्य नहीं हैं। जैसे पक्षी फलों के क्षीण हो जाने पर वृक्ष को छोड़कर चले जाते हैं, उसी तरह कामभोग अशक्त पुरुष को छोड़ देते हैं।

—उत्त.सू. 13/31

* * *

अस्थिर जीवन

2. एक ही झपाटे में बाज जैसे बटेर को मार डालता है, वैसे ही आयु के क्षीण होने पर मृत्यु भी जीवन को हर लेती है। बालक और बूढ़े यहाँ तक कि गर्भस्थ शिशु तक चल बसते हैं।

—सू.कृ.सू. 1/2/1/2

दुर्गति

3. कामभोग की अभिलाषा करनेवाले भोगों का सेवन न करते हुए भी दुर्गति में जाते हैं।

—उत्त.सू. 9/53

❋ ❋ ❋

अति पापकर्म न करो

4. यह जीवन निरंतर मृत्यु की ओर बढ़ता जा रहा है। जरा (वृद्धावस्था) मनुष्य के वर्ण-रूप-रंग और सुंदरता का हरण करती जा रही है। हे पांचालनरेश! मेरी बात सुनो! अति आरंभमय पाप कर्मों को मत करो।

—उत्त.सू. 13/26

❋ ❋ ❋

इंद्रधनुष के समान चंचल

5. समस्त इंद्रियाँ, रूप, आरोग्य, यौवन, बल, तेज, सौभाग्य और लावण्य—ये सब शाश्वत नहीं हैं, किंतु इंद्रधनुष के समान चंचल हैं—अस्थिर हैं।

—कु.अ. 4

❋ ❋ ❋

कुछ भी नित्य नहीं

6. जो कुछ भी उत्पन्न है, उसका नियम से, निश्चित रूप से नाश होता है। परिणाम की दृष्टि से तो कुछ भी नित्य नहीं है।

—द्वा.अनु. 4

❋ ❋ ❋

मोह का माहात्मय

7. धन, यौवन एवं जीवन को जल के बुलबुले के समान देखते हुए भी मनुष्य उन्हें नित्य मानता है, यह बड़ा आश्चर्य है। मोह का माहात्म्य अति बलवान है—मोह की बड़ी विचित्र स्थिति है।

—द्वा.अनु. 21

❋ ❋ ❋

परलोक में हितकारी

8. जिससे तुम मूर्च्छित हो रहे हो, वह जीवन और रूप विद्युत् संपात की तरह

चंचल है। हे राजन! परलोक में क्या अर्थकारी-हितकर है, यह क्यों नहीं समझते?

—उत्त.सू. 18/13

* * *

25. अशरण भावना

कोई भागीदार नहीं

1. निश्चय ही अंतकाल में मृत्यु मनुष्य को उसी प्रकार पकड़कर ले जाती है, जिस प्रकार सिंह मृग को ले जाता है। अंत समय में माता-पिता या भाई-बंधु कोई उसके भागीदार नहीं होते, उसे मौत से जरा भी नहीं बचा सकते।

—उत्त.सू. 13/22

* * *

कोई आश्रयदाता नहीं

2. मूर्ख मनुष्य धन, पशु और स्वजनों (सगोत्रीय जनों) को अपनी शरण आश्रय-स्थान मानता है और समझता है, 'ये मेरे हैं और मैं इनका हूँ।' परंतु उनमें से कोई भी आपत्तिकाल में त्राण तथा शरण देनेवाला नहीं है।

—उत्त.सू. 14.39

* * *

एकाकी

3. दुःख आ पड़ने पर मनुष्य अकेला ही उसे भोगता है। आयुष्य क्षीण होने पर जीव अकेला ही गति-अगति करता है—आता-जाता है। विवेकी पुरुष धन, पशु, सगे-संबंधियों को जरा भी शरण नहीं समझता।

—सू.कृ.सू. 1/2/3/17

* * *

कोई रक्षक नहीं

4. यदि सारा जगत् और यह सारा धन भी तुम्हारा हो जाए तो भी वे सब अपर्याप्त ही होंगे—तुम उन्हें पर्याप्त मानकर संतोष नहीं करोगे और न ये सब तुम्हारा रक्षण करने में ही समर्थ होंगे।

—उत्त.सू. 14/39

रक्षा करने में असमर्थ

5. विवेकी पुरुष सोचें, 'माता-पिता, पुत्र-वधू, भाई, भार्या तथा पुत्र इनमें से कोई भी अपने कर्मों से दुःख पाते हुए मेरी रक्षा करने में समर्थ नहीं हैं।'

—उत्त.सू. 6/3

❋ ❋ ❋

जन्म और मृत्यु

6. इस विराट् विश्व में परमाणु जितना भी ऐसा कोई प्रदेश नहीं है, जहाँ यह जीव न जनमा हो और न मरा हो।

—भ.सू. 12/7

❋ ❋ ❋

संयम का अनुष्ठान

7. विवेकशील मनुष्य धन, पुत्र, स्वजन और परिग्रह तथा आंतरिक शोक-संताप को छोड़कर निरपेक्ष हो संयम का अनुष्ठान करें।

—सू.कृ.सू. 1/9/7

❋ ❋ ❋

26. संसार-भावना

इंद्रिय विषयों में सुख नहीं

1. बहुत खोजने पर भी जैसे केले के पेड़ में कोई सार दिखाई नहीं देता है, वैसे ही इंद्रियों-विषयों में भी वास्तविक सुख दिखाई नहीं देता है।

—भा.पा. 14/4

❋ ❋ ❋

अनर्थों की खान

2. ये कामभोग क्षण भर सुख तथा चिरकाल तक दुःख देनेवाले हैं, बहुत दुःख तथा थोड़ा-सा सुख देनेवाले हैं, संसार से जनम-मरण से विमुक्त होने के विरोधी तथा अनर्थों की खान हैं।

—उत्त.सू. 14/13

मोहातुर मनुष्य

3. खुजली का रोगी जैसे खुजलाने पर दुःख को भी सुख मानता है, वैसे ही मोहातुर मनुष्य कामजन्य दुःख को सुख मानते हैं।

—उप.मा. 212

* * *

माया की गाँठ

4. जीव जन्म, जरा और मरण से होनेवाले दुःख को जानता है, उसका विचार भी करता है, किंतु विषयों से विरक्त नहीं हो पाता है। अहो! कपट-ग्रंथि-छद्म या माया की गाँठ कितनी सुदृढ होती है।

—उप.मा. 204

* * *

अनंत वेदनाएँ

5. इस आत्मा ने अनंत बार तीव्र शारीरिक और मानसिक वेदनाएँ भोगी हैं तथा वह अनंत दुःख और भय से पीड़ित हुई है।

—उत्त.सू. 19/46

* * *

संसार दुःखमय

6. जन्म दुःख है, वृद्धावस्था दुःख है, रोग दुःख है और मृत्य दुःख है। अहो! यह संसार नितांत दुःखमय है, जिसमें संसार के प्राणी क्लेश पा रहे हैं।

—उत्त.सू. 19/16

* * *

मोह ग्रस्त

7. हे पुरुष! पाप-कर्मों का परित्याग कर दो। यह मनुष्य जीवन नश्वर है। जो लाभ हो, वह ले लो। जो इसमें मनुष्य भव में संसार में आसक्त हैं, कामभोगों में मूर्च्छित हैं, हिंसा आदि से अनिवृत्त हैं, वे हिताहित विवेक खोकर मोहग्रस्त होते हैं।

—सू.कृ.सू. 1/2/1/10

दुर्गति

8. अध्रुव, अशाश्वत और दुःख-बहुल संसार में ऐसा कौन-सा कर्म है, जिससे मैं दुर्गति में न जाऊँ?

—उत्त.सू. 8/1

✻ ✻ ✻

धर्म ही शरण

9. जरा और मरण रूपी जल के वेग से बहते हुए प्राणियों के लिए धर्म ही द्वीप, प्रतिष्ठान, गति और उत्तम शरण है। वही एकमात्र आश्रय है।

—उत्त.सू. 23/68

✻ ✻ ✻

दुःख का कारण

10. जो सुख इंद्रियों से प्राप्त होता है, वह पराश्रित, बाधासहित, विच्छिन्न-विच्छेद या नाशयुक्त, बंध का कारण तथा विषम होने से वस्तुतः सुख नहीं दुःख ही है।

—प्र.सा. 1/76

✻ ✻ ✻

आत्मा सुखरूप

11. जिसकी दृष्टि ही स्वयं अंधकार का नाश करनेवाली है, उसे दीपक क्या प्रकाश देगा? इसी प्रकार जब आत्मा स्वयं सुखरूप है तो उसे विषय क्या सुख देंगे।

—प्र.सा. 1/67

✻ ✻ ✻

27. एकत्व भावना

दूसरों का दुःख

1. दूसरे का दुःख कोई दूसरा नहीं बाँट सकता। प्रत्येक प्राणी अकेला जन्म लेता है, अकेला ही मरता है।

—सू.कृ.सू. 2/1/13

दुःख भोग में अकेला

2. मनुष्य अकेला ही अपना दुःख भोगता है, ज्ञातिजन, मित्र, पुत्र, स्वजन और बंधु-बांधव आदि कोई उसे बाँट नहीं सकता, क्योंकि कर्म तो कर्ता (करनेवाले) का ही पीछा करता है, उसे ही कर्म का फल भोगना पड़ता है।

—*उत्त. सू. 13/23*

❋ ❋ ❋

एकाकी

3. मैं एक हूँ, अकेला हूँ, न मेरा कोई है, न मैं किसी का हूँ।

—*आचा. सू. 1/8/6*

❋ ❋ ❋

संयम धर्म में विचरण

4. जैसे मृग अरण्य में अकेला ही विचरण करता है, उसी तरह से मैं भी चारित्ररूपी वन में तप और संयमरूपी धर्म का पालन करता हुआ विचरण करूँगा।

—*उत्त. सू. 19/77*

❋ ❋ ❋

अकेला ही विचरण

5. द्विपद और चतुष्पद, क्षेत्र और गृह, धन और धान्य इन सबको छोड़कर पराधीन जीव केवल अपने कर्मों को साथ लेकर ही अकेला अच्छे या बुरे परभव में स्वर्ग या नरक में जाता है।

—*उत्त. सू. 13/24*

❋ ❋ ❋

पाप का फल

6. यह जीव बांधवों के लिए और शरीर के लिए पाप करता है; किंतु उस पाप का फल नरकादि में वह अकेला ही भोगता है।

—*भ. आ. 1747*

28. अन्यत्व-भावना

कामभोग में सुख नहीं

1. ये कामभोग अन्य है और मैं अन्य हूँ। फिर क्यों मैं अन्य वस्तु में आसक्त बनूँ?

—सू. कृ. सू. 2/1/670

❋ ❋ ❋

कर्मों को धुनना

2. आत्मा का संप्रेषण कर उसे शरीर से भिन्न जानकर भोगलिप्त शरीर को (कर्मों को) धुन डालो।

—आचा. सू. 1/4/3/141

❋ ❋ ❋

त्राण देने में असमर्थ

3. वस्तुतः कामभोग मनुष्य को त्राण देने में, उसकी रक्षा करने में समर्थ नहीं है। कभी तो पुरुष पहले ही इन कामभोगों को छोड़कर चल देता है और कभी कामभोग ही पुरुष को छोड़कर चल देते हैं।

—सू. कृ. सू. 2/1/13

❋ ❋ ❋

मरण में अकेला

4. स्त्री और पुत्र, मित्र और बांधव जीवित व्यक्ति के साथ जीते हैं—जीते-जागते तक के ही साथी हैं। मरने पर इनमें से कोई साथ नहीं जाता।

—उत्त. सू. 18/14

❋ ❋ ❋

कोई साथ नहीं

5. जैसे पुत्र अत्यंत दुःखित होकर मृत पिता को घर से बाहर निकाल देते हैं—श्मशान भूमि में ले जाते हैं, वैसे ही माता-पिता भी मरे हुए पुत्र को बाहर निकाल देते हैं। सगे-संबंधियों के विषय में भी यही बात है। हे राजन! यह देखकर तू तप कर।

—उत्त. सू. 18/15

29. अशुचि भावना

शरीर अशुचिपूर्ण

1. यह शरीर अनित्य है, अशुचिपूर्ण है। इसमें आत्मा का निवास अशाश्वत है। यह देह दुःख एवं क्लेशों का भाजन-पात्र है।

—उत्त.सू. 19/13

❋ ❋ ❋

असार मानव शरीर

2. यह मनुष्य शरीर असार है; व्याधि-रोग का घर है और जरा-मरण से ग्रस्त-अभिभूत है। इस असार मानव शरीर में मुझे एक क्षण के लिए भी आनंद नहीं मिलता।

—उत्त.सू. 19/15

❋ ❋ ❋

आत्मा ही श्रेष्ठ

3. देह से भिन्न, कर्मों से रहित और अनंत सुख का घर आत्मा ही वस्तुतः श्रेष्ठ है, इस प्रकार सदा चिंतन करना चाहिए।

—कु.अ. 46

❋ ❋ ❋

अशाश्वत शरीर

4. जल्दी या देरी से इस शरीर को छोड़ना पड़ता है। यह शरीर फेन के बुलबुले के समान क्षणभंगुर है। इस अशाश्वत शरीर में मैं जरा भी आनंद नहीं पाता।

—उत्त.सू. 19/14

❋ ❋ ❋

30. आस्त्रव-भावना

कर्मों से भारी आत्मा

1. हिंसा आदि आस्त्रव-द्वारों से सदा कर्मों का आस्त्रवण-आगमन होता रहता है, आत्मा से कर्म पुद्‌गल लगते रहते हैं, जैसे कि समुद्र में जल के आने से

सच्छिद्र नौका उससे भर जाती है, भारी होकर डूब जाती है। वैसे ही कर्मों से भारी आत्मा संसार-सागर में डूब जाती है।

—रा.वा. 1/4/9/16

* * *

अज्ञानी साधक

2. अज्ञानी साधक उस जन्मांध व्यक्ति के समान है, जो सछिद्र नौका पर चढ़कर नदी के किनारे पहुँचना तो चाहता है, किंतु किनारा आने से पहले ही बीच प्रवाह में डूब जाता है।

—सू.कृ.सू. 1/1/2/31

* * *

चिरकाल तक दुःखदायी

3. संसार के विषय-भोग क्षणभर के लिए सुख देते हैं, किंतु बदले में चिरकाल तक दुःखदायी होते हैं।

—उत्त.सू. 14/13

* * *

उत्पथ में भटकना

4. जिन (साधक) की इंद्रियाँ कुमार्गगामिनी हो गई हैं, वे दुष्ट घोड़ों के वश में पड़े सारथि की तरह उत्पथ में भटक जाते हैं।

—दश.नि. 298

* * *

कर्म-प्रवाह

5. यह जनम-मरणरूपी समुद्र अनेक दोषरूपी लहरों और दुःखरूपी जलचरों से व्याप्त है, जिसमें जीव का परिभ्रमण कर्मों के आस्रव के कारण होता है।

—कु.अ. 56

* * *

कर्मों का क्षय

6. जो अज्ञानी हैं, वे कर्म द्वारा कर्मों का क्षय नहीं कर सकते। जो धीर पुरुष हैं, वे अकर्म से—आस्रवों का संवरण कर, उन्हें रोककर, शुद्ध आत्म-परिणति

द्वारा कर्मों का क्षय करते हैं।

—*सू.कृ.सू. 1/12/15*

❋ ❋ ❋

चार आश्रव

7. मिथ्यात्व, अविरति, कषाय और योग—ये आस्रव हैं।

—*जयधवला 1/9/54*

❋ ❋ ❋

पुण्य का आश्रव

8. जिसका राग प्रशस्त है, अंतर में अनुकंपा की वृत्ति है और मन में कलुषभाव नहीं है, उस जीव को पुण्य का आस्रव होता है।

—*पंचा. 135*

❋ ❋ ❋

31. संवर भावना

कर्मों का निरोध

1. मेधावी-विवेकशील पुरुष संसार में पाप को जानता हुआ उसे उच्छिन्न करता है, नष्ट करता है। इस प्रकार वह नए कर्मों का निरोध करता है, उसके पुराने कर्म टूटते जाते हैं।

—*सू.कृ.सू. 1/15/6*

❋ ❋ ❋

कर्मों का रुकना

2. जैसे जलयान के हजारों छेद बंद कर देने पर उसमें पानी नहीं आता, वैसे ही मिथ्यात्व आदि आस्रवों के दूर हो जाने पर जीव में कर्मों का आना रुक जाता है, संवर जाता है।

—*नय. 155*

❋ ❋ ❋

देह पर ममत्व

3. अकिंचन मुनि और तो क्या, अपने देह पर भी ममत्व नहीं रखते।

—*दश.सू. 6/22*

कुशील प्रसंग

4. कुशील (अनाचार) बढ़ानेवाले प्रसंगों से साधक को दूर रहना चाहिए।

—दश.सू. 6/59

❋ ❋ ❋

पुण्य एवं पाप

5. आत्मा का शुभ परिणाम (भाव) पुण्य है और अशुभ परिणाम पाप है।

—पंचा. 132

❋ ❋ ❋

कर्मों का निरोध

6. मिथ्यात्व, अविरति, कषाय और योगों से जो कर्म आते हैं, वे कर्म सम्यग्दर्शन, विरति, क्षमादिभाव और योगनिरोध से रुक जाते हैं।

—मू. 241

❋ ❋ ❋

भोगों से निरपेक्ष

7. जो विषय-भोगों से निरपेक्ष रहते हैं, वे संसाररूपी वन को पार कर जाते हैं।

—ज्ञाता. 1/6

❋ ❋ ❋

प्रशस्त इंद्रियनिग्रह

8. शब्द, रूप, गंध, रस और स्पर्श में जिसका चित्त न तो अनुरक्त होता है और न द्वेष करता है, उसी का इंद्रिय-निग्रह प्रशस्त होता है।

—दश.नि. 295

❋ ❋ ❋

इच्छा-निरोध

9. प्रत्याख्यान-त्याग या संवर से इच्छाओं का निरोध किया जाता है। इच्छानिरोध करने पर जीव सब पदार्थों के प्रति तृष्णारहित होकर परम शीतलता-प्रशांत भाव के साथ रहता है।

—उत्त.सू. 29/14

संवर

10. जो इंद्रिय के विषयों से विरक्त होता हुआ मन को प्रिय लगनेवाले भोग्य पदार्थों से आत्मा को सदा दूर रखता है, उसे प्रकट रूप से संवर होता है।

—द्वा.अनु. 101

***

संवर की भावना

11. संवर का फल मोक्ष है। अतः संवर-समाधि से युक्त विशुद्धात्मा सदा यतनापूर्वक संवर की भावना करे।

—मू. 743
—पंचा. 135

***

32. निर्जरा-भावना

कर्मों को कृश

1. जैसे लेपयुक्त भीत (दीवार) लेप उतारकर पतली कर दी जाती है, उसी प्रकार अनशन आदि तप द्वारा देह को (कर्मों को) कृश किया जाता है।

—सू.कृ.सू. 1/2/1/14

***

जन्म-मरण से मुक्त

2. तप रूपी बाण से सन्नद्ध मुनि उससे कर्म रूपी कवच को भेद कर इस संग्राम का भव-विजयरूप युद्ध का अंत कर जन्म-मरण से मुक्त हो जाता है।

—उत्त.सू. 9/22

***

आत्म दमन

3. आत्मा को कसो-दमन करो। आत्मा को जीर्ण करो-पतली करो, कर्म लेप को दूर करो।

—आचा.सू. 1/4/3/141

अल्प कर्मबंध

4. यतनाशील साधक का कर्मबंध अल्प, अल्पतर होता जाता है और निर्जरा तीव्र, तीव्रतर होती जाती है। फलतः वह शीघ्र मोक्ष प्राप्त कर लेता है।

—नि. भा. 3335

* * *

कर्मों की निर्जरा

5. जैसे एक विशाल तालाब में आते हुए पानी को रोक दिए जाने पर उसमें संचित जल उलीचने या सूर्य के ताप से समाप्त हो जाता है, उसी प्रकार एक संयत पुरुष द्वारा नवीन पाप-कर्मों के प्रवाह को रोक दिए जाने पर करोड़ों भवों के संचित कर्म तप द्वारा निर्जीर्ण हो जाते हैं, नष्ट हो जाते हैं।

—उत्त. सू. 30/5-6

* * *

व्रत-प्रतिपन्न पुरुष

6. जिस तरह बहुत बड़ा पर्वत वायु के झोंकों से प्रभावित-विचलित नहीं होता, उसी तरह व्रत-प्रतिपन्न पुरुष सम-विषम, ऊँच-नीच, अनुकूल-प्रतिकूल परीषहों के स्पर्श करने पर भी उनसे बाधित होने पर भी धर्मच्युत नहीं होता।

—सू. कृ. सू. 1/11/37

* * *

मुक्तिरूप महाफल

7. भोग समर्थ होते हुए भी जो भोगों का परित्याग करता है, वह कर्मों की महान् निर्जरा करता है और उसे मुक्तिरूप महाफल प्राप्त होता है।

—भ. सू. 7/7/3

* * *

33. दुर्लभबोधि भावना

बोधि

1. समझो—बोध प्राप्त करो। तुम समझते क्यों नहीं? मरने के पश्चात् मनुष्य भव बीत जाने पर परलोक में सद्बोध प्राप्त होना निश्चय ही दुर्लभ है। बीती हुई

रातें वापस नहीं लौटती और न मनुष्य जीवन ही बार-बार सुलभ होता है।

—सू.कृ.सू. *1/2/1/1*

***

धर्माराधना करें

2. इस मनुष्य लोक में धर्म की आराधना करने के लिए मानव-शरीर ही सर्वथा उपयोगी है, अतः सद्ज्ञान प्राप्त कर धर्माराधना करें।

—सू.कृ.सू. *1/15/15*

***

संसार दुःखरूप

3. जीवो! नरक, तिर्यंच आदि दुःखपूर्ण गतियों का भय देखकर तथा बालिश-मूर्ख, अज्ञानी को उत्तम विवेक का लाभ नहीं होता। यह जानकर मनुष्यत्व-मनुष्य जन्म की दुर्लभता को समझो, सम्यक्बोध प्राप्त करो। यह लोक ज वरपीड़ित व्यक्ति की भाँति एकांततः सर्वथा दुःखरूप है। अपने हिंसा आदि पाप-कर्मों से सुख चाहनेवाला व्यक्ति विपर्यास सुख के विपरीत दुःख ही पाता है।

—सू.कृ.सू. *1/7/11*

***

मनुष्य जन्म सुलभ नहीं

4. जो मनुष्य-भव को यों ही विध्वस्त कर देता है—खो देता है, मिटा देता है, उसके लिए पुनः मनुष्य देह पाना सरल नहीं होता। उसके बिना संबोधि दुर्लभ होती है और ऐसी लेश्या या चित्तवृत्ति भी दुर्लभ होती है, जो व्यक्ति को धर्माराधना से जोड़ती है।

—सू.कृ.सू. *1/15/18*

***

34. धर्म-भावना

निष्फल रात्रियाँ

1. जो-जो रात्रियाँ बीत जाती हैं, वे लौटकर नहीं आतीं। अधर्म करनेवाले की

रात्रियाँ निष्फल हो जाती है।

—*उत्त.सू. 14/24*

* * *

सफल रात्रियाँ

2. जो-जो रात्रियाँ बीत जाती है, वे लौटकर नहीं आती। धर्म करनेवाले की रात्रियाँ सफल हो जाती हैं।

—*उत्त.सू. 14/25*

* * *

धर्म का आचरण

3. जब तक बुढ़ापा नहीं आता, व्याधियाँ जब तक नहीं बढ़ती, इंद्रियाँ जब तक अशक्त नहीं होती, तब तक धर्म का अच्छी तरह आचरण कर लेना चाहिए।

—*दश.सू. 8/36*

* * *

सद्‌गति सुलभ नहीं

4. जो माता-पिता आदि के मोह में आसक्त होकर संसार में परिभ्रमण करते हैं, मरने के बाद उन्हें सद्‌गति सुलभ नहीं होती। इन भय-स्थानों खतरों को देखकर व्यक्ति सुव्रती बने, आरंभ-हिंसा आदि पापों का परित्याग करे।

—*सू.कृ.सू. 1/2/1/3*

* * *

दुर्लभता

6. विश्व के विमल भोग प्राप्त हो सकते हैं, देवताओं की संपत्ति प्राप्त हो सकती है, पुत्र और मित्र भी मिल सकते हैं; किंतु एक धर्म का प्राप्त होना दुर्लभ है।

—*प्रास्ताविक*

* * *

पुण्य

7. सम्यक्त्व, श्रुतज्ञान, व्रतरूप परिणाम और कषाय निग्रह रूप गुणों से परिणत आत्मा पुण्य-पुरुष है।

—*मूलाचार 234*

अनिश्चित कल

8. जिस मनुष्य की मृत्यु से मैत्री हो, जो उसके पंजे से भाग निकलने की सामर्थ्य रखता हो, जो नहीं मरूँगा, यह निश्चित रूप से जानता हो, वही आगामी कल का भरोसा कर सकता है।

—*उत्त.सू. 14/27*

❋ ❋ ❋

फिर प्रमाद क्यों?

9. यह मेरे पास है और यह मेरे पास नहीं है, यह मुझे करना और यह नहीं करना है, ऐसा विचार करते-करते ही कालरूपी चोर प्राणों को हर लेता है। फिर धर्म में यह प्रमाद क्यों?

—*उत्त.सू. 14/15*

❋ ❋ ❋

धर्म-मार्ग (आचार संहिता)

35. धर्म

उत्कृष्ट मंगल

1. धर्म उत्कृष्ट मंगल है। अहिंसा, संयम और तप उसके लक्षण हैं। जिसका मन सदा धर्म में रमा रहता है, उसे देवता भी नमस्कार करते हैं।

—दश.सू. 1/1

❋ ❋ ❋

वस्तु का स्वभाव

2. वस्तु का स्वभाव धर्म है। क्षमा आदि भावों की अपेक्षा से वह दस प्रकार का है। रत्नत्रय (सम्यग्दर्शन, सम्यग्ज्ञान और सम्यक्-चारित्र) तथा जीवों की रक्षा करना धर्म है।

—द्वा.अनु. 478

❋ ❋ ❋

दस लक्षण धर्म

3. उत्तम क्षमा, उत्तम मार्दव, उत्तम आर्जव, उत्तम सत्य, उत्तम शौच, उत्तम संयम, उत्तम तप, उत्तम त्याग, उत्तम आकिंचन्य तथा उत्तम ब्रह्मचर्य—ये दस धर्म हैं।

—कु.अ. 70

❋ ❋ ❋

सच्चा त्यागी

4. जो मनुष्य सुंदर और प्रिय भोगों के उपलब्ध होने पर उनसे मुँह फेर लेता है,

उन्हें पीठ दिखा देता है और जो स्वाधीन-स्वायत्त भोगों को भी त्याग देता है, उसे ही सच्चा त्यागी कहा गया है।

—*दश.सू. 2/3*

❋ ❋ ❋

संयम की मूल्यवत्ता

5. जो प्रतिदिन दस-दस लाख गायों का दान करता है, उसकी अपेक्षा कुछ भी नहीं देनेवाले संयमी का संयम श्रेष्ठ है अर्थात् संयम की आध्यात्मिक मूल्यवत्ता बहुत बड़ी है।

—*उत्त.सू. 9/40*

❋ ❋ ❋

धर्मानुकूल आजीविका

6. सद्गृहस्थ धर्मानुकूल ही आजीविका करते हैं।

—*सू.कृ.सू. 2/2/39*

❋ ❋ ❋

प्रज्ञा

7. प्रज्ञा से ही धर्म अच्छी तरह देखा जाता है और उसी के द्वारा तत्त्व का विनिश्चय होता है।

—*उत्त.सू. 23/25*

❋ ❋ ❋

सहयोग

8. जो अनाश्रित एवं असहाय है, उनको आश्रय तथा सहयोग देने में सदा तत्पर रहना चाहिए।

—*स्था.सू. 8*

❋ ❋ ❋

धर्म पत्नी

9. पत्नी धर्म में सहायता करनेवाली, साथ देनेवाली, अनुरागयुक्त तथा सुख-दुःख को समान रूप से बँटानेवाली होती है।

—*उपा.सू. 7/22/7*

नारी

10. स्वच्छंद आचरण करनेवाली नारी अपने दोनों कुलों (पितृकुल व श्वसुर कुल) को वैसे ही नष्ट कर देती है जैसे कि स्वच्छंद बहती हुई नदी अपने दोनों कुलों (तटों) को।

***

संयम में श्रेष्ठ

11. यद्यपि शुद्धाचारी साधुवृंद सभी गृहस्थों से संयम में श्रेष्ठ होते हैं, तथापि कुछ (शिथिलाचारी) भिक्षुओं की अपेक्षा गृहस्थ संयम में श्रेष्ठ होते हैं।

—*उत्त. सू. 5/20*

***

सरल आत्मा की विशुद्धि

12. ऋजु अर्थात् सरल आत्मा की ही विशुद्धि होती है और सरल (विशुद्ध) आत्मा में ही धर्म ठहरता है।

—*उत्त. सू. 3/12*

***

निरंतर बढ़ते रहें

13. तुम ज्ञान, दर्शन, चारित्र, तप, क्षमा और निर्लोभता की दिशा में निरंतर वर्द्धमान (बढ़ते) रहना।

—*उत्त. सू. 22/26*

***

मनुष्य गति मूलधन

14. मनुष्य जीवन मूल-धन है। देवगति उसमें लाभ रूप है। मूल धन के नाश होने पर निश्चय ही नरक, तिर्यञ्च-गति प्राप्ति रूप हानि होती है।

—*उत्त. सू. 7/16*

***

दया की पवित्रता

15. जिसमें दया की पवित्रता है, वही धर्म है।

—*बो. पा. 25*

दान

16. दान के द्वारा कीर्ति और निर्मल कांति बढ़ती है। दान के वशीभूत हृदयवाला दुश्मन भी दातार के घर पानी भरता है।

—दानकुलम्, 4

❋ ❋ ❋

अनुकंपा

17. भूखे, प्यासे या दुःखी को देखकर जो मनुष्य मन में दुःख पाता हुआ उसके प्रति करुणापूर्ण व्यवहार करता है, उसका वह भाव अनुकंपा है।

—पञ्चा. 137/201

❋ ❋ ❋

वाणी विवेक

18. जिसका हृदय निष्पाप और निर्मल है, साथ ही वाणी भी मधुर है, वह पुरुष मधु के घड़े पर मधु के ढक्कन के समान है।

—स्था. सू. 414

❋ ❋ ❋

श्रेष्ठ साधक

19. जो साधक अल्पाहारी है, इंद्रियों का विजेता है, सभी प्राणियों के प्रति रक्षा की भावना रखता है, उसके दर्शन के लिए देव भी आतुर-उत्सुक रहते हैं।

—दशा.सू. 5/4

❋ ❋ ❋

धर्म के चार द्वार

20. क्षमा, संतोष, सरलता और नम्रता—ये चार धर्म के द्वार हैं।

—स्था.सू. 4/4

36. श्रमण धर्म

अष्ट प्रवचनमाताएँ

1. ईर्या-समिति, भाषा-समिति, एषणा-समिति, आदान-समिति और उच्चार-समिति—ये पाँच समितियाँ तथा मनगुप्ति, वचनगुप्ति और कायगुप्ति—ये तीन गुप्तियाँ, इस प्रकार से आठ प्रवचन माताएँ कही गई हैं।

—उत्त.सू. 24/2

सुव्रती साधक

2. सुव्रती साधक कम खाए, कम पिए और कम बोले।

—सू.कृ.सू. 1/8/25

❋ ❋ ❋

आदर्श भिक्षा

3. जिस प्रकार भ्रमर फूलों से रस पीता हुआ भी उन्हें क्लांत-पीड़ित नहीं करता और अपनी आत्मा को संतुष्ट कर लेता है, उसी प्रकार लोक में जो मुक्त-परिग्रह-रहित श्रमण हैं, वे दाता द्वारा दिए जाते आहार आदि दान की गवेषणा में लीन रहते हैं। अर्थात् अनेक पुष्पों से थोड़ा रस लेते भ्रमरों की भाँति वे अनेक घरों से थोड़ी-थोड़ी भिक्षा लेते हैं, जिससे देनेवालों को जरा भी कष्ट, असुविधा न हो।

—दशा.सू. 1/2/3

❋ ❋ ❋

वीतराग अनगार

4. ममतारहित, अहंकार-रहित, आस्त्रव-रहित, वीतराग, अनगार, केवलज्ञान को प्राप्त कर शाश्वत काल के लिए, सदा के लिए परिनिवृत्त-मुक्त होता है।

—उत्त.सू. 35/21

❋ ❋ ❋

धर्ममार्ग (आचारसंहिता)

5. शरीर को नाव कहा गया है और जीव को नाविक। यह संसार समुद्र है, जिसे महर्षिजन शरीररूपी नौका द्वारा तैर जाते हैं।

—उत्त.सू. 23/73

❋ ❋ ❋

सच्चा श्रमण

6. जो कषायरहित है, इस लोक से निरपेक्ष है, परलोक में भी अप्रतिबद्ध (अनासक्त) है और विवेकपूर्वक आहार-विहार की चर्या रखता है, वही सच्चा श्रमण है।

—प्र.सा. 3/26

शास्त्रज्ञान रहित श्रमण

7. शास्त्रज्ञान से शून्य श्रमण न स्व को जान पाता है, न पर को।

—प्र.सा. 3/33

❋ ❋ ❋

आगम की आँख

8. अन्य सब प्राणी इंद्रियों की आँखवाले होते हैं, किंतु साधक आगम की आँखवाला होता है।

—प्र.सा. 3/34

❋ ❋ ❋

ज्ञानी साधक

9. अज्ञानी साधक बाल-तप के द्वारा लाखों-करोड़ों जनमों में जितने कर्मों का क्षय करता है, उतने कर्मों का क्षय मन, वचन, काय को संयत रखनेवाला ज्ञानी साधक एक श्वास मात्र में कर देता है।

—प्र.सा. 3/38

❋ ❋ ❋

प्रव्रज्या (दीक्षा)

10. तृण और कनक (स्वर्ण) में जब समान बुद्धि रहती है, तभी उसे प्रव्रज्या (दीक्षा) कहा जाता है।

—बो.पा. 47

❋ ❋ ❋

भोजन का हेतु

11. साधु स्वाद के लिए भोजन न करे, किंतु जीवन निर्वाह के लिए करे।

—उत्त.सू. 35/17

❋ ❋ ❋

निरर्थक श्रमणत्व

12. श्रमण-धर्म का अनुसरण करते हुए भी जिसका क्रोध आदि कषाय उत्कट हैं, उसका श्रमणत्व वैसा ही निरर्थक है, जैसा कि ईख का फूल।

—दश. नि. 301

भिक्षु के चिन्ह

13. क्षमा, मुदुता-विनम्रता, सरलता, निर्लोभता, अदीनता, तितिक्षा और आवश्यक क्रियाओं की परिशुद्धि—ये सब भिक्षु के वास्तविक चिह्न हैं।

—दश. नि. 349

❋ ❋ ❋

तृष्णा के बंधन

14. वीतराग भाव की साधना से स्नेह (राग के बंधन) और तृष्णा के बंधन कट जाते हैं।

—उत्त.सू. 29/45

❋ ❋ ❋

समभाव

15. मुनिजनों का हृदय शरदकालीन स्वच्छ जल की तरह निर्मल होता है। वे पक्षी की तरह बंधनों से मुक्त और पृथ्वी की तरह समस्त सुख-दु:ख को समभाव से सहन करनेवाले होते हैं।

—सु.कृ.सू. 2/2/21

❋ ❋ ❋

आहार में अनासक्त

16. गृही द्वारा अपने लिए तैयार किया हुआ, शास्त्र निरूपित विधि से प्राप्त आहार यदि तिक्त-तीखा, कटुक-कड़वा, कषाय-कसैला, अम्ल-खट्टा, मधुर-मीठा, लवण-नमकीन कैसा भी हो, साधु को उसे मधु और घृत की भाँति प्रसन्नतापूर्वक खाना चाहिए।

—दशा.सू. 5/1/97

❋ ❋ ❋

दाता की उत्तम गति

17. निष्काम भाव से प्रत्युपकार की आशा के बिना निस्स्वार्थ बुद्धि से देनेवाला दाता तथा नि:स्पृह भाव से शुद्ध भिक्षा लेनेवाला (शुद्ध साधनामय जीवन जीनेवाला) भिक्षु—दोनों ही उत्तम गति प्राप्त करते हैं।

—दशा.सू. 5/1/100

सहज ही तप

18. भिक्षु को यदि कभी मर्यादानुकूल शुद्ध भिक्षा न मिले तो खेद न करें, अपितु यह मानकर अलाभ-परिषह को सहन करे कि अच्छा हुआ, आज सहज ही तप का अवसर मिल गया।

—*दशा.सू. 5/2/6*

❊ ❊ ❊

मान-सम्मान में निरपेक्ष

20. जो साधक पूजा-प्रतिष्ठा के फेर में पड़ा रहता है, यश का भूखा है, मान-सम्मान के पीछे दौड़ता रहता है, वह अपने लिए अनेक प्रकार के दंभ रचता हुआ अत्यधिक पाप-कर्म उपार्जित करता है।

—*दशा.सू. 5/2/35*

❊ ❊ ❊

सत्य का पालन

21. मेधावी-विवेकशील, आत्मविद् साधक अणुमात्र भी माया मृषा (दंभ और असत्य) का सेवन न करे।

—*दशा.सू. 5/2/49*

❊ ❊ ❊

महाफल के हेतु

22. क्षुधा, प्यास, असुविधापूर्ण स्थान, सर्दी, गरमी, अरति, भय—इन सब कष्टों को मुमुक्षु अदीनभाव से सहन करे। समभाव से सहन किए गए दैहिक कष्ट महाफल के हेतु होते हैं।

—*दशा.सू. 8/27*

❊ ❊ ❊

सहनशीलता

23. 'मैं ही इन कष्टों से पीड़ित नहीं हूँ, दुनिया में अन्य प्राणी भी पीड़ित हैं' यह सोचकर ज्ञानी कष्ट पड़ने पर अम्लान मन से उन्हें सहन करे।

—*सू.कृ.सू. 1/2/1/13*

सच्चा भिक्षु

24. जो हाथों से संयत है, पैरों से संयत है, वाणी से संयत है, इंद्रियों से संयत है, जो अध्यात्म में रत है, जो आत्मा में सुसमाधिस्थ है और सूत्रार्थ को यथावत् रूप से जानता है, वह सच्चा भिक्षु है।

—दश.सू. 10/15

❋ ❋ ❋

धर्मध्यान में रत

25. जो जाति का मद नहीं करता, रूप का मद नहीं करता, लाभ का मद नहीं करता, श्रुतज्ञान का मद नहीं करता, इस प्रकार सब मदों का विवर्जन कर जो धर्मध्यान में सदा रह रहता है, वह सच्चा भिक्षु है।

—दश.सू. 10/19

❋ ❋ ❋

सर्वजीवों के प्रति दयावान

26. जो भिक्षु सर्वभूतों के प्रति दयानुकंपी हो, क्षमाशील हो, संयमी हो, ब्रह्मचारी हो, उसे सर्वसावद्य योग का वर्जन करते हुए इंद्रियों को अच्छी तरह दमन करते रहना चाहिए।

—उत्त.सू. 21/13

❋ ❋ ❋

प्रशांतचित्त श्रमण

27. संपूर्ण ग्रंथि (परिग्रह) से मुक्त, शीतीभूत (परम सुख रूप), प्रशांतचित्त श्रमण जैसा मुक्ति सुख पाता है वैसा सुख चक्रवर्ती को भी नहीं मिलता।

—भ.आ. 1182

❋ ❋ ❋

37. श्रमण कौन?

केवल सिर मुँडाने से श्रमण नहीं

1. केवल सिर मुंड़ाने से कोई श्रमण नहीं होता, ओम का जप करने से कोई ब्राह्मण नहीं होता, अरण्य में रहने से कोई मुनि नहीं होता तथा कुश-चीवर-

वल्कल आदि धारण करने से कोई तपस्वी नहीं होता।

—*उत्त. सू. 25/31*

❋ ❋ ❋

समता से श्रमण

2. (प्रत्युत्) वह समता से श्रमण होता है, ब्रह्मचर्य से ब्राह्मण होता है, ज्ञान से मुनि होता है और तप से तपस्वी होता है।

—*उत्त. सू. 25/32*

❋ ❋ ❋

गुणों से साधु

3. (कोई भी) गुणों से साधु होता है और अगुणों से असाधु। अतः साधु के गुणों को ग्रहण करो और असाधुता का त्याग करो। आत्मा को आत्मा के द्वारा जानते हुए जो राग-द्वेष में समभाव रखता है, वही पूज्य है।

—*दश. सू. 9/3/11*

❋ ❋ ❋

समभावी साधक

4. वह (साधक) लाभ और अलाभ में, सुख और दुःख में, जीवन और मरण में, निंदा और प्रशंसा में तथा मान और अपमान में समभाव रखता है।

—*उत्त. सू. 19/91*

❋ ❋ ❋

कर्म से ही ब्राह्मण

5. कर्म से ही कोई ब्राह्मण होता है और कर्म से ही क्षत्रिय। कर्म से ही मनुष्य वैश्य होता है और शूद्र भी कर्म से होता है।

—*उत्त. सू. 25/33*

❋ ❋ ❋

ब्राह्मण

6. आर्यजनों के वचनों में सदा अभिरुचि रखनेवाला ही ब्राह्मण है।

—*उत्त. 25/20*

ब्राह्मण की कसौटी

5. अग्नि में तपाए हुए और कसौटी पर कसे हुए स्वर्ण की भाँति जो निर्मल, पापशून्य तथा राग द्वेष एवं भय से रहित है, उसे हम ब्राह्मण कहते हैं।

—उत्त.सू. 25/21

❋❋❋

38. श्रावक (गृहस्थ) धर्म

श्रावक (सद्गृहस्थ)

1. जो सम्यग्दृष्टि व्यक्ति प्रतिदिन यतिजनों से पंचमहाव्रती श्रमणों से सामाचारी (आचार-विषयक उपदेश) श्रवण करता है, उसे श्रावक कहते हैं।

—सावय.प्र. 2

❋❋❋

धर्ममार्ग (आचारसंहिता)

2. श्रावक धर्म के पाँच अणुव्रत, तीन गुणव्रत और चार शिक्षाव्रत—इस प्रकार 12 प्रकार हैं।

—सावय.प्र. 6

❋❋❋

सप्त कुव्यसन

4. परस्त्री का सहवास, द्यूत-क्रीड़ा, मद्य, शिकार, वचन-परुषता-कठोर वचन, कठोर दंड तथा अर्थ-दूषण (चौर्य) ये सात कुव्यसन हैं।

—बृ.क.भा. 940

❋❋❋

मांसाहार के दोष

5. मांसाहार से दर्प-विक्षोभ, उन्माद बढ़ता है। दर्प से मनुष्य में मद्यपान की अभिलाषा जगती है और तब वह जुआ खेलता है। इस प्रकार (एक मांसाहार से ही) मनुष्य उक्त वर्णित सर्वदोषों को प्राप्त हो जाता है।

—वसु.श्रा. 86

मद्यपान

6. मद्यपान से मनुष्य मदहोश होकर निंदनीय कर्म करता है और फलस्वरूप इस लोक तथा परलोक में अंततः दुःखों का अनुभव करता है।

—वसु.श्रा. 70

❋ ❋ ❋

पाँच अणुव्रत

7. प्राणीवध (हिंसा), मृषावाद (असत्य वचन), बिना दी हुई वस्तु का ग्रहण (चोरी), परस्त्री-सेवन (कुशील) तथा अपरिमित कामना (परिग्रह)—इन पाँच पापों से विरति ही अणुव्रत है।

—आतुर.प्र. 3

❋ ❋ ❋

सुव्रती

8. गृह में निवास करता हुआ भी जो मनुष्य प्राणियों के प्रति यथाशक्य संयत है, समभाव रखनेवाला है, वह सुव्रती देवताओं के लोक में जाता है।

—सू.कृ.सू. 1/2/3/13

❋ ❋ ❋

श्रमण के तुल्य

9. सामायिक की साधना करता हुआ श्रावक भी श्रमण के तुल्य हो जाता है।

—वि.भा. 2690

❋ ❋ ❋

दान

10. दान देना सद्गृहस्थ का धर्म है।

—र.सा. 11

❋ ❋ ❋

दुःख

11. वह सुख, सुख नहीं है, जो अंत में दुःख रूप में परिणत हो जाए।

—सार्थपोसहसज्झाय सूत्र 25

अविरोधी

12. धर्म, अर्थ और काम को भले ही अन्य कोई परस्पर विरोधी मानते हों, किंतु जिनवाणी के अनुसार यदि वे कुशल अनुष्ठान में अवतीर्ण हों तो परस्पर असपत्न (अविरोधी) हैं।

—दश.नि. 262

❋ ❋ ❋

सुव्रती

13. धर्मशिक्षा संपन्न गृहस्थ गृहवास में भी सुव्रती है। —उत्त.सू. 5/24

❋ ❋ ❋

भाव श्रावक

14. जो व्रतों का अनुष्ठान करनेवाला है, शीलवान है; स्वाध्याय-तप-विनय आदि गुणयुक्त है; सरल व्यवहार करने वाला है; सद्गुरु की सेवा करनेवाला है और प्रवचन-कुशल है, वह 'भावश्रावक' है।

—धर्मरत्नप्रकरण 33

❋ ❋ ❋

39. अहिंसा

शाश्वत धर्म

1. 'किसी भी प्राणी की हिंसा नहीं करनी चाहिए', यही ज्ञानियों के ज्ञान का सार है। अहिंसा, समता, समस्त जीवों के प्रति आत्मवत् भाव—यही शाश्वत धर्म है, इसे समझें।

—सू.कृ.सू. 1/11/10

❋ ❋ ❋

पहले जीवों का ज्ञान

2. 'पहले जीवों का ज्ञान और फिर दया' अर्थात् जीव, अजीव आदि तत्त्वों के यथावत् ज्ञान के पश्चात् दया आदि के आचरण की संगति है। सभी संयमी साधु ऐसा ही करते हैं। अज्ञानी बेचारा क्या कर सकता है? वह क्या जाने-क्या श्रेय है और क्या पाप है?

—दश.सू. 4/10

अहिंसा का स्वरूप

3. हे पुरुष! जिसे तू मारने की इच्छा करता है, विचार कर, वह तू ही है—तेरे जैसा ही सुख-दुःख का अनुभव करनेवाला प्राणी है, जिस पर तू हुकूमत करने की इच्छा करता है, विचार कर, वह तेरे जैसा ही प्राणी है; जिसे परिताप-दुःख देने योग्य समझता है, चिंतन कर वह तेरे जैसा ही प्राणी है; जिसे तू अपने वश में करने की इच्छा करता है, जरा सोच, वह तेरे जैसा ही प्राणी है; जिसके प्राण लेने की इच्छा करता है, विचार कर वह तेरे जैसा ही प्राणी है।

सत्पुरुष इसी तरह विवेक रखता हुआ जीवन बिताता है। वह न किसी का स्वयं हनन करता है और न दूसरों द्वारा किसी का हनन करवाता है।

अपने द्वारा किए गए कर्मों का फल अपने को ही भोगना पड़ता है। अतः किसी भी प्राणी की हिंसा करने की कामना मत करो।

—आचा. सू. 1/5/5

* * *

अपना जीवन प्रिय

4. सभी प्राणियों को अपनी-अपनी आयु (जीवन) प्रिय है। सुख अनुकूल है, दुःख प्रतिकूल है। वध सबको अप्रिय है, जीना सबको प्रिय है। सब लंबे जीवन की कामना करते हैं। सभी को अपना-अपना जीवन बड़ा प्यारा लगता है।

—आचा. सू. 1/2/3

* * *

(अतः) किसी जीव को त्रास नहीं पहुँचना चाहिए।

—उत्त. सू. 2/20

* * *

किसी के प्रति वैर और विरोध भाव नहीं रखना चाहिए।

—सू. कृ. 1/15/13

* * *

मैत्रीभाव

सब जीवों के प्रति मैत्री भाव रखना चाहिए। —उत्त. सू. 6/2

सर्वोच्च धर्म

5. जैसे जगत् में मेरु पर्वत से ऊँचा तथा आकाश से विशाल और कुछ नहीं है, वैसे ही अहिंसा के समान कोई धर्म नहीं है।

—भ.प. 91

❋ ❋ ❋

40. सत्य

विश्वसनीय

1. सत्यवादी मनुष्य माता की तरह विश्वसनीय, जनता के लिए गुरु की तरह पूज्य और स्वजन की भाँति सबको प्रिय होता है।

—भ.आ. 840

❋ ❋ ❋

लोक में सारभूत

2. सत्य ही लोक में सारभूत है। सत्य महासमुद्र से भी अधिक गंभीर है।

—प्रश्न.सू. 2/2

❋ ❋ ❋

प्रज्ञाहीन

3. जिस प्रकार अंधा पुरुष प्रकाश के होते हुए भी नेत्रहीन होने के कारण रूपादि कुछ भी नहीं देख पाता है, उसी प्रकार प्रज्ञाहीन मनुष्य शास्त्र के समक्ष रहते हुए भी सत्य का दर्शन नहीं कर पाता।

—सू.कृ.सू. 1/12/8

❋ ❋ ❋

सत्य

4. सत्य वचनों में भी हिंसा-रहित सत्य वचन श्रेष्ठ है।

—सू.कृ.सू. 1/6/23

❋ ❋ ❋

सत्य भगवान्

5. सत्य ही भगवान् है। *—प्रश्न.सू. 2*

मेधावी

6. सत्य की आज्ञा में चलनेवाला मेधावी (विद्वान्) पुरुष मृत्यु को लांघ जाता है, अर्थात् संसार-सागर को तैर जाता है।

—आचा.सू. 1/3/3/127

❋ ❋ ❋

मृषावाद

7. मृषावाद-असत्य सभी सत्पुरुषों द्वारा निंदित है, सभी ने उसकी निंदा की है। सभी प्राणियों के लिए वह अविश्वसनीय है। अर्थात् असत्यवादी का कोई विश्वास नहीं करता। इसलिए मृषावाद को सर्वथा त्याग देना चाहिए।

—दश.सू. 6/13

❋ ❋ ❋

सत्य का साधक

8. सत्य की साधना करनेवाला साधक सब ओर दु:खों से घिरा रहकर भी घबराता नहीं है, विचलित नहीं होता है।

—आचा.सू. 1/3/3/127

❋ ❋ ❋

पाप के आगमन का द्वार

9. जिनेंद्र भगवान् ने असत्य वचन को पाप के आगमन का द्वार कहा है।

—भ.आ. 489

❋ ❋ ❋

समस्त गुणों का कारण

9. सत्य में तप, संयम और शेष समस्त गुणों का वास होता है। जैसे समुद्र मत्स्यों का कारण (उत्पत्ति स्थान) है, वैसे ही सत्य समस्त गुणों का कारण है।

—भ.आ. 842

❋ ❋ ❋

41. अस्तेय (अचौर्य)

चोरी

1. परधन की इच्छा, मूर्च्छा, तृष्णा, गृद्धि, असंयम, कांक्षा, हस्त-लघुता,

परधनहरण, स्तेनक (स्तेय), कूटतोल-माप और बिना दी हुई वस्तु लेना—ये सब चोरी के ही रूप हैं।

—*प्रश्न.सू. 1/3/10*

❋ ❋ ❋

चौर्यकर्म

2. चौर्यकर्म अकीर्तिकारक है, आर्य—उत्तम पुरुषों द्वारा न करने योग्य है, साधुजनों द्वारा निंदित है, प्रियजन एवं मित्रजन में विभेद तथा वैमनस्य उत्पन्न करता है, वह राग-द्वेष-बहुल है—अत्यधिक रागद्वेषयुक्त है।

—*प्रश्न.सू. 1/3/9*

❋ ❋ ❋

बिना आज्ञा नहीं

3. चाहे कोई सचेतन वस्तु हो या अचेतन-जड़, कम कीमत वाली वस्तु हो या अधिक कीमतवाली, उसके स्वामी की आज्ञा के बिना नहीं लेनी चाहिए, और तो क्या, साधु दाँत कुरेदने का एक तिनका भी बिना आज्ञा के न लेवें।

—*दश.सू. 6/14*

❋ ❋ ❋

लोभ से चोरी

4. लोभ के बढ़ जाने पर मनुष्य कार्याकार्य का विचार नहीं करता और अपनी मौत की भी परवाह नहीं करता हुआ चोरी करता है। —भ.आ. 857

❋ ❋ ❋

चोरी के तुल्य

5. चोरी का माल लेना, तस्करी करना, राज्याज्ञा का उल्लंघन करना, नाप-तोल में गड़बड़ तथा मिलावट करना, ये सब चोरी के तुल्य हैं।

—*सावय.प्र. 268*

❋ ❋ ❋

लोभ से कलुषित

6. जब आत्मा लोभ से कलुषित होती है तो चोरी करने को प्रवृत्त होती है।

—*उत्त.सू. 32/29*

42. ब्रह्मचर्य

ब्रह्मचारी

1. जीव ही ब्रह्म है। देहासक्ति से मुक्त मुनि की ब्रह्म (आत्मा) के लिए जो चर्या है, वही ब्रह्मचर्य है। जो साधक परदेह से विमुक्त होकर ब्रह्म में चर्या करता है, वही सच्चा ब्रह्मचारी है।

—भ.आ. 878

❋ ❋ ❋

इंद्रियों के विषय

2. ब्रह्मचारी को शब्द, रूप, गंध, रस और स्पर्श—इन पाँच प्रकार की इंद्रियों के विषयों को सदा के लिए छोड़ देना चाहिए।

—उत्त.सू. 16/10

❋ ❋ ❋

अविकारी

3. स्त्रियों के सभी अंगों को देखते हुए भी जो उनमें दुर्भाव नहीं करता-विकार को प्राप्त नहीं होता, वही वास्तव में दुर्द्धर ब्रह्मचर्य भाव को धारण करता है।

—कु.अ. 11/80

❋ ❋ ❋

स्त्री सहवास

4. जैसे लाख का घड़ा अग्नि से तप्त होने पर शीघ्र ही नष्ट हो जाता है, वैसे ही स्त्री-सहवास से अनगार (मुनि) नष्ट हो जाता है।

—सू.कृ.सू. 1/4/1/27

❋ ❋ ❋

सच्चा त्यागी

5. जो वस्त्र, गंध, अलंकार, स्त्रियों और शय्या का केवल परवशता से-उनके अभाव में सेवन नहीं करता, वह त्यागी नहीं है। पर जो कांत और प्रिय भोग सुलभ होने पर भी उन्हें पीठ दिखाता है, जो स्वाधीन-स्वायत्त भोगों का त्याग करता है, वही सच्चा त्यागी, ब्रह्मचारी है।

—दशा.सू. 2/2/3

स्त्रियों की आसक्ति

6. जो पुरुष मोक्षाभिलाषी है, संसार-भीरु है, धर्म में स्थित है—उसके लिए भी अज्ञानी जनों के मन को हरनेवाली स्त्रियों की आसक्ति को पार करने से अधिक दुष्कर कार्य इस लोक में दूसरा नहीं है।

—उत्त.सू. 32/17

❊ ❊ ❊

आसक्तियों पर विजय

7. जो मनुष्य इन स्त्री-विषयक आसक्तियों पर पार पा जाता है, उसके लिए शेष सारी आसक्तियाँ वैसे ही सुतर (सुख से पार पाने योग्य) हो जाती हैं, जैसे महासागर को पार पानेवाले के लिए गंगा जैसी बड़ी-बड़ी नदियाँ।

—उत्त.सू. 32/18

❊ ❊ ❊

वासना वर्द्धक पदार्थ

8. घी, दूध आदि रसों का बहुत सेवन नहीं करना चाहिए। रस प्राय: मनुष्यों के लिए दीप्तिकर-उद्दीपक होते हैं। जिस तरह स्वादु फलवाले वृक्ष की ओर पक्षी दल के दल उड़ आते हैं, उसी तरह से दीप्त वीर्यवान पुरुष की ओर कामवासनाएँ दौड़ी चली आती हैं।

—उत्त.सू. 32/10

❊ ❊ ❊

अति आहार अहितकर

9. जिस तरह प्रचुर काष्ठ से भरे वन में अग्नि लग जाए और साथ ही पवन भी चलती हो तो वह दावाग्नि नहीं बुझती, उसी तरह से अति मात्रा में सरस आहार करनेवाले मनुष्य की इंद्रियाग्नि शांत नहीं होती। अत: ब्रह्मचारी के लिए अति आहार हितकर नहीं है।

—उत्त.सू. 32/11

❊ ❊ ❊

कामाग्नि

10. विषय रूपी वृक्षों से प्रज्वलित कामाग्नि तीनों लोक रूपी अटवी-वन को जला

डालने में समर्थ है। यौवन रूपी तृणराशि पर संचरणशील कामाग्नि जिस पुरुष को नहीं जलाती, वह धन्य है।

—भ.आ. 1115

***

शील-रक्षक पुरुष

11. जैसे शील-रक्षक पुरुषों के लिए स्त्रियाँ निंदनीय हैं, वैसे ही शील-रक्षिका स्त्रियों के लिए पुरुष निंदनीय हैं। (दोनों को एक-दूसरे से बचना चाहिए।)

—भ.आ. 988

***

शीलसंपन्न स्त्रियाँ

12. किंतु ऐसी भी शीलगुणसंपन्न स्त्रियाँ हैं, जिनका यश सर्वत्र व्याप्त है। वे मनुष्यलोक की देवियाँ हैं और देवों द्वारा भी वंदनीय है।

—भ.आ. 995

***

ब्रह्मचर्य स्वयं भगवान्

13. जैसे—ग्रह, नक्षत्र और ताराओं में चंद्रमा श्रेष्ठ है, वैसे ही विनय, शील, तप, नियम आदि गुणसमूह में, ब्रह्मचर्य श्रेष्ठ है, प्रधान है। ब्रह्मचर्य स्वयं भगवान् है।

—प्रश्न.सू. 2/4/27

***

मोह का उल्लंघन

14. जैसे वायु अग्नि की ज्वाला को पार कर जाती है, वैसे ही आत्म-पराक्रमशाली पुरुष इस लोक में प्रिय स्त्रियों के मोह का उल्लंघन कर जाते हैं।

—सू.कृ.सू. 1/15/8-9

***

मोह पर विजय

15. जिस तरह नदियों में वैतरणी नदी दुस्तर मानी जाती है, उसी तरह इस लोक में अविवेकी पुरुष के लिए स्त्रियों का मोह जीतना कठिन है।

—सू.कृ.सू. 1/3/4/16

ब्रह्मचारी का सम्मान

16. देव, दानव, गंधर्व, यक्ष, राक्षस और किन्नर—ये सभी उस ब्रह्मचारी को नमस्कार करते हैं, जो दुष्कर ब्रह्मचर्य का पालन करता है।

—*उत्त.सू. 16/16*

***

43. अपरिग्रह

अपरिमित तृष्णा

1. यदि धनधान्य से परिपूर्ण यह समग्र लोक भी किसी एक मनुष्य को दे दिया जाए तो भी उससे उसे संतोष होनेवाला नहीं। लोभी आत्मा की तृष्णा की शांति बहुत ही कठिन है।

—*उत्त.सू. 8/16*

***

कर्मजन्य दुःखों से मुक्ति

2. धन, धान्य और घर-सामान, स्थावर तथा जंगम कोई भी संपत्ति प्राणी को कर्मजन्य दुःखों से मुक्त करने में समर्थ नहीं है।

—*उत्त.सू. 6/6*

***

अंतिम प्रस्थान

3. मनुष्य को सोचना चाहिए—क्षेत्र, भूमि, घर, सोना, चाँदी, पुत्र, स्त्री, बांधव और इस देह को भी छोड़कर मुझे एक दिन अवश्य जाना पड़ेगा।

—*उत्त.सू. 19/17*

***

परिग्रह से विरक्त

4. धन और सहोदर—ये सब रक्षा करने में समर्थ नहीं होते तथा जीवन अल्प है—यह जानकर परिग्रह से विरक्त होनेवाला कर्मों से छूट जाता है।

—*सू.कृ.सू. 1/1/5*

अल्पलाभ से संतुष्ट

5. वही सद्गृहस्थ श्रावक कहलाने का अधिकारी है, जो किसी की बहुमूल्य वस्तु को अल्प मूल्य देकर नहीं ले, किसी की भूली हुई वस्तु को ग्रहण नहीं करे और अल्प लाभ प्राप्त करके ही संतुष्ट रहे।

—द्वा.अनु. 335

❋ ❋ ❋

धन से रक्षा नहीं

6. प्रमत्त मनुष्य धन द्वारा न तो इस लोक में अपनी रक्षा कर सकता है और न परलोक में। हाथ में दीपक होने पर भी जैसे उसके बुझ जाने पर सामने का मार्ग दिखाई नहीं देता, उसी तरह धन के असीम मोह में जिसका ज्ञान-दीप बुझ गया है, वह मूढ़ मनुष्य न्यायमार्ग को देखता हुआ भी नहीं देख सकता।

—उत्त.सू. 4/5

❋ ❋ ❋

परिग्रह

7. जो व्यक्ति सजीव या निर्जीव किसी भी वस्तु पर स्वयं भी परिग्रह करता है और दूसरों को भी उन वस्तुओं पर स्वामित्व स्थापित करने की सलाह देता है, वह कभी भी दुःखों से मुक्त नहीं हो सकता।

—सू.कृ.सू. 1/1/1/12

❋ ❋ ❋

नरक-वास

8. जो मनुष्य अज्ञान के कारण अनेक पाप-कृत्यों द्वारा धन कमाते हैं, उन्हें देखें। वे अनेक जीवों से वैर-विरोध बाँधकर सारी संपत्ति यहीं छोड़कर अंततः नरक-वास प्राप्त करते हैं।

—उत्त.सू. 4/2

❋ ❋ ❋

धन में आसक्त

9. आयु पल-पल क्षीण हो रही है, यह न समझकर मंदबुद्धि मनुष्य दुस्साहसपूर्वक बिना विचारे सांसारिक पदार्थों पर ममत्व रखता है। धन में आसक्त मूढ़ मनुष्य

अपने को अमर मानता हुआ रात-दिन धन के लिए परिताप सहन करता है।

—*सू.कृ.सू. 1/10/18*

* * *

अनुपम धर्म-धुरा

10. धन को दुःख-विवर्धक, ममत्व बंधन का कारण और महाभयावह जानकर उस सुखप्रद, महान्, अनुपम धर्मधुरा को धारण करो, जो निर्वाण के हेतुभूत गुणों को प्राप्त करानेवाली है।

—*उत्त.सू. 19/19*

* * *

45. तप

तप की साधना

1. इंद्रिय-विषयों तथा कषायों का निग्रह कर ध्यान और स्वाध्याय के द्वारा जो आत्मा को भावित करता है, उसके नियम से निश्चित रूप में तप साधित होता है।

—*अ.सा. 18/156*

* * *

बाह्य एवं आभ्यंतर तप

2. तप दो प्रकार के हैं—बाह्य और आभ्यंतर। बाह्य तप छह प्रकार के हैं। इसी प्रकार आभ्यंतर तप भी छह प्रकार के हैं।

—*उत्त.सू. 30/7*

* * *

बाह्य तप के प्रकार

3. अनशन, अवमौदर्य (ऊनोदरिका), भिक्षाचर्या, रस-परित्याग, कायक्लेश और संलीनता-इस तरह बाह्य तप छह प्रकार के हैं।

—*उत्त.सू. 30/8*

* * *

अनशन-तप

4. वास्तव में वही अनशन-तप है, जिससे मन में अमंगल की चिंता उत्पन्न न

हो, इंद्रियों की हानि (शिथिलता) न हो तथा मन, वचन, काय रूप योगों की हानि (गिरावट) न हो।

—म.स. 134

❊ ❊ ❊

सोचकर उपवास करना

5. अपने बल, तेज, श्रद्धा और आरोग्य को देखकर तथा क्षेत्र एवं काल को जानकर अपने को उपवास में नियुक्त करना चाहिए। (क्योंकि शक्ति से अधिक उपवास करने से हानि होती है।)

—दश.सू. 8/35

❊ ❊ ❊

कर्मों का निर्जरण

6. जैसे एक विशाल तालाब में पानी आने के मार्गों के रोक दिए जाने पर, उसमें संचित जल उलीचने से तथा सूर्य के ताप से समाप्त हो जाता है, उसी प्रकार एक संयत पुरुष के, नवीन पाप-कर्मों के प्रवाह को रोक दिए जाने पर, करोड़ों भवों के संचित कर्म तप द्वारा निर्जीर्ण हो जाते हैं, नष्ट हो जाते हैं।

—उत्त.सू. 30/5-6

❊ ❊ ❊

ऊनोदरी (भूख से कुछ कम खाना)

7. जो जितना भोजन कर सकता है, उसमें से कम-से-कम एक सिक्थ अर्थात् एक पिंड अथवा एक ग्रास के रूप में कम भोजन करना द्रव्यरूपेण ऊनोदरी तप है। —उत्त.सू. 30/15

❊ ❊ ❊

आभ्यंतर तप के प्रकार

8. प्रायश्चित्त, विनय, वैयावृत्त्य-सेवा, स्वाध्याय, ध्यान और व्युत्सर्ग (कायोत्सर्ग) इस तरह छह प्रकार के आभ्यंतर-तप हैं। *—उत्त.सू. 30/30*

❊ ❊ ❊

सुगति

9. ज्ञान, दर्शन, चारित्र और तप—इस मार्ग का अनुगमन करते हुए जीव सुगति

को प्राप्त होते हैं।

—उत्त.सू. 28/3

✻ ✻ ✻

जाति की विशेषता नहीं

10. तप (चारित्र) की विशेषता तो प्रत्यक्ष दिखलाई देती है, किंतु जाति की तो कोई विशेषता दृष्टिगोचर नहीं होती।

—उत्त.सू. 12/37

✻ ✻ ✻

श्रेष्ठ यज्ञ

11. तप ज्योति है, जीव ज्योतिस्थान है—अग्निकुंड है; मन, वचन व काय का योग स्रुवा (आहुति देने की कलछी) है, शरीर कारीषांग (अग्नि प्रज्वलित करने हेतु गोबर के सूखे कंडे) है, कर्म जलाया जानेवाला ईंधन है, संयम-योग शांति-पाठ है। मैं इस प्रकार का यज्ञ (होम) करता हूँ, जिसे ऋषियों ने श्रेष्ठ बताया है। *—उत्त.सू. 12/44*

✻ ✻ ✻

निरहंकारी

12. हम साधक के केवल अनशन आदि द्वारा कृश (दुर्बल) हुए शरीर के ही प्रशंसक नहीं हैं, वस्तुतः इंद्रिय-वासना, कषाय और अहंकार को ही कृश (क्षीण) करना चाहिए।

—नि.भा. 3758

✻ ✻ ✻

आत्मा की शुद्धि

13. तप करने से जीव को व्यवदान अर्थात् कर्मों का क्षय करके आत्मा को शुद्ध बना देनेवाली शक्ति प्राप्त हो जाती है।

—उत्त.सू. 29/28

✻ ✻ ✻

कर्म निर्जरा हेतु तप

14. न इस लोक के लिए तप करना चाहिए और न परलोक के लिए तप करना

चाहिए। ऐसे ही कीर्ति, वर्ण, शब्द व श्लोक-श्लाघा के लिए भी तप नहीं करना चाहिए। सिर्फ कर्म-निर्जरा के लिए तप करना चाहिए, अन्य किसी लक्ष्य से नहीं।

—दशा.सू. 9/4/4

❋ ❋ ❋

45. क्षमा

निर्मल क्षमा धर्म

1. देव, मनुष्य और तिर्यंचों (पशुओं) द्वारा घोर व भयानक उपसर्ग पहुँचाए जाने पर भी जो क्रोध से तप्त नहीं होता, उसको निर्मल क्षमाधर्म साधित होता है।

—का.अनु. 364

❋ ❋ ❋

सब जीवों से क्षमा

2. मैं सब जीवों को क्षमा करता हूँ। सब जीव मुझे क्षमा करें। मेरा सब प्राणियों के प्रति मैत्री-भाव है। मेरा किसी से भी वैर नहीं है।

—आव.सू. 4/5

❋ ❋ ❋

क्षमा याचना

3. अल्पतम प्रमादवश भी यदि मैंने आपके प्रति उचित व्यवहार नहीं किया हो तो मैं नि:शल्य-मायारहित और कषायरहित होकर आपसे क्षमा-याचना करता हूँ।

—बृ.क.भा. 1368

❋ ❋ ❋

क्षमाभाव

4. क्रोध को जीत लेने से क्षमाभाव जाग्रत् होता है।

—उत्त.सू. 29/67

❋ ❋ ❋

प्रसन्नता की अनुभूति

5. क्षमापना से आत्मा में प्रसन्नता की अनुभूति होती है।

—उत्त.सू. 21/19

अकृतज्ञता

6. राग अथवा द्वेष के वश मैंने कोई अकृतज्ञता की हो अथवा प्रमाद के कारण किसी को अनुचित कहा हो तो मैं उन सबसे क्षमा चाहता हूँ। —*मू. 58*

***

46. समभाव

श्रोतेंद्रिय में राग-द्वेष का परित्याग

1. शब्द श्रोतेंद्रिय का विषय है। कान में पड़े हुए शब्दों को न सुनना शक्य नहीं है। भिक्षु कान में पड़े हुए शब्दों के प्रति राग-द्वेष का परित्याग करें।

—*आ. चू. 2/15/72*

***

चक्षुरेंद्रिय में राग-द्वेष का परित्याग

2. रूप चक्षु का विषय है। आँखों के सामने आए हुए रूप को न देखना शक्य नहीं है। भिक्षु आँखों के सामने आए हुए रूप में राग-द्वेष का परित्याग करें।

—*आ. चू. 2/15/73*

***

घ्राणेंद्रिय में राग-द्वेष का परित्याग

3. गंध नाक का विषय है। नाक के समीप आई गंध को न सूँघना शक्य नहीं है। भिक्षु नाक के समीप आई हुई गंध में राग-द्वेष का परित्याग करें।

—*आ. चू. 2/15/74*

***

रसनेंद्रिय में राग-द्वेष का परित्याग

4. राग जिह्वा का विषय है। जिह्वा पर आए हुए रस का आस्वाद न लेना शक्य नहीं है। भिक्षु जिह्वा पर आए हुए रस में राग-द्वेष का परित्याग करें।

—*आ. चू. 2/15/75*

***

स्पर्शेंद्रिय में राग-द्वेष का परित्याग

5. स्पर्श शरीर का विषय है। स्पर्श योग्य विषय के उपस्थित होने पर उसका

अनुभव न करना शक्य नहीं है। स्पर्श-विषय के उपस्थित होने पर भिक्षु उसमें राग-द्वेष का परित्याग करें।

—आव.चू. 2/15/76

✻ ✻ ✻

आत्मा का शुद्ध परिणमन

6. चारित्र ही वास्तव में धर्म है और जो धर्म है, वह समत्व है। मोह और क्षोभ से रहित आत्मा का अपना शुद्ध परिणमन ही समत्व है।

—प्र.सा. 1/7

✻ ✻ ✻

शुद्धोपयोगी

7. जो सुख-दुःख में समान भाव रखता है, वह वीतराग श्रमण शुद्धोपयोगी कहा गया है। *—प्र.सा. 1/14*

✻ ✻ ✻

सामायिक

8. समभाव ही सामायिक है। *—सू.कृ.चू. 1/2/2*

✻ ✻ ✻

समभाव

9. सज्जन पुरुष, दुर्जनों के निष्ठुर और कठोर वचनरूपी चपेटों को भी समभावपूर्वक सहन करते हैं।

—भा.पा. 107

✻ ✻ ✻

समदर्शी

10. समग्र विश्व को जो समभाव से देखता है, वह न किसी का प्रिय करता है और न किसी का अप्रिय अर्थात् समदर्शी अपने-पराए की भेदबुद्धि से परे होता है।

—सू.कृ.सू. 1/10/7

✻ ✻ ✻

आसक्ति रहित प्रवृत्ति

11. तिनके और सोने में, शत्रु और मित्र में समभाव रखना ही सामायिक है अर्थात्

रागद्वेषरूप अभिषंगरहित, आसक्ति, वर्जित उचित प्रवृत्तिप्रधान चित्त को सामायिक कहते हैं।

—नि.चू. 2846

❋ ❋ ❋

प्रशस्त इंद्रिय निग्रह

12. शब्द, रूप, गंध, रस और स्पर्श में जिसका चित्त न तो अनुरक्त होता है और न द्वेष करता है, उसी का इंद्रिय-निग्रह प्रशस्त होता है।

—दश.नि. 295

❋ ❋ ❋

47. अनासक्ति

तटस्थ भाव

1. साधक न जीने की आकांक्षा करे और न मरने की कामना करे। वह जीवन और मरण दोनों में ही किसी तरह की आसक्ति न रखे, तटस्थ भाव से रहे।

—आचा.सू. 1/8/8/19

❋ ❋ ❋

अलिप्त-जीवन

2. जो आत्मा विषयों के प्रति अनासक्त है, वह संसार में रहती हुई भी उसमें लिप्त नहीं होती, जैसे सरोवर के जल में रहता हुआ भी कमल-पत्र उसमें लिप्त नहीं होता।

—उत्त.सू. 32/47

❋ ❋ ❋

ऐहिक सुखों की प्यास

3. जिस व्यक्ति की ऐहिक सुखों की प्यास बुझ चुकी है, स्पृहा मिट चुकी है, उसके लिए कुछ भी दुष्कर नहीं है।

—उत्त.सू. 19/45

❋ ❋ ❋

आसक्ति से विनाश

4. जो मनोज्ञ रूपों में तीव्र आसक्ति रखता है, वह अकाल में ही विनाश को प्राप्त

होता है, जैसे प्रकाश-लोलुप पतंगा रूप में आसक्त होकर मृत्यु को प्राप्त होता है। —*उत्त.सू. 32/24*

* * *

निरपेक्ष त्याग

5. जब तक निरपेक्ष रूप से त्याग नहीं किया जाता है, तब तक साधक के मन की विशुद्धि नहीं होती और जब तक मन की शुद्धि नहीं होती, तब तक कर्मक्षय किस प्रकार संभव है? —प्र.सा. 3/20

* * *

ममत्व

6. ममत्व रखनेवाला वैराग्यवान नहीं हो सकता।

—*बृ.क.भा. 3385*

* * *

स्वच्छंदता का त्याग

7. हे धीर पुरुष! आशा-तृष्णा और स्वच्छंदता का त्याग कर।

—*आ.सू. 1/2/4/83*

* * *

विरक्ति

8. जिस प्रकार कीचड़ में पड़ा हुआ सोना, कीचड़ से लिप्त नहीं होता, उसे जंग नहीं लगता है, उसी प्रकार ज्ञानी संसार के पदार्थ-समूह से विरक्त होने के कारण कर्म करता हुआ भी कर्म से लिप्त नहीं होता है। किंतु जिस प्रकार लोहा कीचड़ में पड़कर विकृत हो जाता है, उसे जंग लग जाता है, उसी प्रकार अज्ञानी पदार्थों में राग-भाव रखने के कारण कर्म करता हुआ विकृत हो जाता है, कर्म से लिप्त हो जाता है।

—*स.सा. 218-219*

* * *

48. आर्जव-धर्म

कुटिलता रहित जीवन

1. जो चित्त में कुटिल विचार नहीं लाता, कुटिल कार्य नहीं करता, कुटिल वचन

नहीं बोलता और अपने दोषों को नहीं छिपाता, उसको आर्जव-धर्म सिद्ध होता है।

—द्वा.अनु. 396

***

मायावी

2. भले ही कोई नग्न रहे और घोर तप द्वारा देह को कृश करे, भले ही कोई मास-मास के अंतर से भोजन करे, किंतु यदि वह मायावी होता है, तो अनंत बार गर्भवास प्राप्त करता है, जन्म-मरण-चक्र में परिभ्रमण करता रहता है।

—सू.कृ.सू. 1/2/1/9

***

अज्ञानी मनुष्य

3. यदि अज्ञानी मनुष्य महीने-महीने उपवास करे और पारणे में कुश के अग्रभाग पर आए उतना सा आहार ग्रहण करे तो भी वह तीर्थंकर-प्ररूपित धर्म के सोलहवें भाग को भी नहीं पहुँच सकता।

—उत्त.सू. 9/44

***

ऋजुता (सरल भाव)

4. माया को जीत लेने से ऋजुता (सरल भाव) की प्राप्ति होती है।

—उत्त.सू. 29/69

***

माया से मुक्त

5. जिस प्रकार बालक बोलता हुआ अच्छे व बुरे हुए कार्य को सरलता से कह देता है, उसी प्रकार सरलता से अपने दोषों की अवहेलना करनेवाला साधक माया एवं मद से मुक्त होता है।

—महा.प्र. 22

***

धर्म का आराधक

6. जो प्रमादवश हुए कपटाचरण के प्रति आलोचना करके सरल हृदय हो जाता

है, वह धर्म का आराधक है।

—स्था.सू. 8/10/5

❋ ❋ ❋

49. मृदुता

मृदु जीवन

1. जो श्रमण कुल, रूप, जाति, ज्ञान, तप, श्रुत और शील का जरा भी गर्व नहीं करता, उसको मार्दव-धर्म निष्पन्न होता है।

—कु.अ. 72

❋ ❋ ❋

गुणशून्य अभिमान

2. जो दूसरे को अपमानित करने के दोष का सदा सावधानीपूर्वक परिहार करता है, वही यथार्थ में मानी सम्मानयोग्य है। गुणशून्य अभिमान करने से कोई मानी नहीं होता।

—भ.आ. 1429

❋ ❋ ❋

गोत्र की आसक्ति नहीं

3. यह पुरुष अनेक बार उच्च गोत्र और अनेक बार नीच गोत्र का अनुभव कर चुका है। अतः न कोई यहाँ हीन है और न कोई अतिरिक्त उच्च; इसलिए वह उच्च गोत्र की स्पृहा न करे। इस सच्चाई को जान लेने पर फिर कौन गोत्रवादी होगा? कौन मानवादी होगा? और कौन किसी गोत्र की स्पृहा करेगा, उसमें आसक्ति दिखाएगा?

—आचा.सू. 1/2/3/49-50

❋ ❋ ❋

मृदुता

4. अभिमान को जीत लेने से मृदुता (नम्रता) उत्पन्न होती है।

—उत्त.सू. 29/68

❋ ❋ ❋

अभिमानी पुरुष

5. अभिमानी पुरुष सब का वैरी हो जाता है। वह इस लोक और परलोक में

निश्चय ही कलह, वैर, भय, दुःख और अपमान को प्राप्त होता है।

—भ.आ. 1377

* * *

50. आकिंचन्य-धर्म

कोई वस्तु मेरी नहीं

1. मैं एक, शुद्ध दर्शन-ज्ञानमय, नित्य और अरूपी हूँ। इसके अतिरिक्त अन्य परमाणुमात्र भी वस्तु मेरी नहीं है।

—स.सा. 11/38

* * *

प्राप्त लाभ में संतुष्ट

2. जो अपने प्राप्त लाभ में संतुष्ट रहता है और दूसरों के लाभ की इच्छा नहीं करता, वह सुखपूर्वक सोता है।

—स्था. 4/3/451

* * *

आकिंचन्य धर्म

3. जो मुनि सब प्रकार के परिग्रह का त्याग कर निःसंग हो जाता है, अपने सुखद व दुःखद भावों का निग्रह करके निर्द्वंद्व विचरता है, उसको आकिंचन्य धर्म होता है।

—कु.अ. 79

* * *

51. दान

चार प्रकार का दान

1. आहार, औषध, शास्त्र और अभय के रूप में जो चार प्रकार के दान हैं, वे दातव्य कहलाते हैं, ऐसा उपासकाध्ययन में कहा गया है।

—वसु.श्रा. 233

* * *

सार्थक भोजन

2. जो गृहस्थ मुनि को भोजन कराने के पश्चात् बचा हुआ भोजन करता है, वास्तव

में उसी का भोजन करना सार्थक है। वह जिनोपदिष्ट, संसार का सारभूत सुख तथा क्रमशः मोक्ष का उत्तम सुख प्राप्त करता है।

—र.सा. 22

❋ ❋ ❋

अभय दान

3. मृत्यु भय से डरे हुए जीवों की रक्षा करना अभयदान है। यह अभयदान सब दानों का शिरोमणि है।

—वसु.श्रा. 238

❋ ❋ ❋

दान की प्रमुखता

4. श्रावक-धर्म में दानादि की मुख्यता है।

—र.सा. 11

❋ ❋ ❋

मुधादायी-मुधाजीवी

5. इस विश्व में निस्स्वार्थ दाता और निःस्पृह जीवन जीनेवाला पात्र दोनों ही दुर्लभ है। इस तरह के मुधादायी और मुधाजीवी दोनों ही सुगति को प्राप्त करते हैं।

—दशा.सू. 5/1/100

❋ ❋ ❋

ध्यान-सूत्र

52. ध्यान

धर्मों का मूल

1. जैसे मनुष्य के शरीर में सिर और वृक्ष में उसकी जड़ उत्कृष्ट या मुख्य है, वैसे ही साधु के समस्त धर्मों का मूल ध्यान है।

—इसि. 22/13

❋ ❋ ❋

मानसिक एकाग्रता

2. स्थिर अध्यवसान अर्थात् मानसिक एकाग्रता ही ध्यान है और जो चित्त की चंचलता है, उसके तीन रूप हैं—भावना, अनुप्रेक्षा और चिंता।

—ध्या.श. 2

❋ ❋ ❋

ध्यानाग्नि

3. जिसमें राग, द्वेष और मोह नहीं है तथा मन-वचन-काय रूप योगों का व्यापार नहीं रह गया है, उसमें समस्त शुभाशुभ कर्मों को जलानेवाली ध्यानाग्नि प्रकट होती है।

—पंचा. 146

❋ ❋ ❋

ध्यान किसी भी स्थान पर

4. जिन्होंने अपने योग अर्थात् मन-वचन-काय को स्थिर कर लिया है और

जिनका ध्यान में चित्त पूरी तरह निश्चल हो गया है, उन मुनियों को ध्यान के लिए जनाकीर्ण, घनी आबादी के ग्राम अथवा शून्य अरण्य-वन में कोई अंतर नहीं रह जाता।

—*ध्या.श. 36*

❋ ❋ ❋

ध्यानरूपी अग्नि

5. जैसे चिरसंचित ईंधन को वायु से उद्दीप्त आग तत्काल जला डालती है, वैसे ही ध्यानरूपी अग्नि अपरिमित कर्म-ईंधन को क्षणभर में भस्म कर डालती है।

—*ध्या.श. 101*

❋ ❋ ❋

आत्मा का प्रकाश

6. चित्त को (विषयों से) शून्य कर देने पर उसमें आत्मा का प्रकाश झलक उठता है।

—भ.आ. 74

❋ ❋ ❋

ध्यान की स्थिति

7. चित्तवृत्ति में ओजस्विता, पवित्रता आने पर ही ध्यान की स्थिति प्राप्त होती है।

—*दशा.सू. 5/1*

❋ ❋ ❋

ध्यान में लीन

8. जिसका मन ध्यान में लीन है, वह पुरुष कषाय से उत्पन्न ईर्ष्या, विषाद, शोक आदि मानसिक दुःखों से पीड़ित नहीं होता।

—*ध्या.श. 103*

❋ ❋ ❋

उत्तम धर्म-ध्यान

9. समग्र विकल्पों को छोड़कर, आत्मस्वरूप में मन को रोककर जो चिंतन होता है, वह उत्तम धर्म-ध्यान है।

—*का.अनु. 482*

चंचल चित्त

10. जो बाँधने के पश्चात् भी एक स्थान पर स्थिर नहीं रहता, रोकने पर भी चारों तरफ घूमता ही रहता है, वह चंचल चित्त ध्यान के द्वारा ही शांत होता है।

—आत्मा. 9

* * *

चित्त को एकाग्र

11. किसी एक विषय पर चित्त को स्थिर-एकाग्र करना ध्यान है।

—आव.नि. 14/99

* * *

ध्यान के प्रकार

12. आर्त, रौद्र, धर्म और शुक्ल—इन चार ध्यानों में अंतिम दो निर्वाण में सहायक हैं और प्रथम दो आर्त्त और रौद्र भव भ्रमण के कारण हैं।

—ध्या.श. 5

* * *

ध्यान-तप

13. आर्त और रौद्र इन दो ध्यानों का वर्जन कर सुसमाहित-समाधिसहित मुमुक्षु धर्म-ध्यान और शुक्ल-ध्यान का अभ्यास करें। ज्ञानी इसे ही ध्यान-तप कहते हैं।

—उत्त.सू. 30/35

* * *

53. सामायिक

सामायिक चारित्र

1. उसी (साधु) के चारित्र को सामायिक चारित्र कहा गया है, जिसने अपनी आत्मा को ज्ञान आदि के समीप पहुँचा दिया है, जो भयभीत जीवों का त्राता है, जो विविक्त-विजन या एकांत स्थान का सेवन करता है और जो अपनी आत्मा में भय प्रदर्शित नहीं करता।

—सू.कृ.सू. 1/2/2/17

सामायिक

2. जिसने किसी प्रकार का प्रतिज्ञाफल-कामना की पूर्ति का संकल्प (निदान) नहीं किया है तथा जो कर्मबंध के हेतुरूप कार्यों से दूर रहता है उसके समभाव को सामायिक कहा गया है।

—सू.कृ.सू. 1/2/2/20

❋ ❋ ❋

राग-द्वेष-रहित परिणाम

3. जीवन-मरण में, लाभ-हानि में, संयोग-वियोग में, बंधु-शत्रु में, सुख-दुःख में राग-द्वेष-रहित समान परिणाम को ही सामायिक कहते हैं।

—सू. 23

❋ ❋ ❋

समभाव के प्रति गमन

4. सम्यक्त्व, ज्ञान, संयम, तप इनसे जीव का जो प्रशस्त समभाव के प्रति गमन है, उसको समय कहते हैं। उसी को सामायिक जानो।

—सू. 519

❋ ❋ ❋

आर्त्त-ध्यान

5. सामायिक करते समय जो श्रावक पर चिंता करता है, वह आर्त-ध्यान को प्राप्त होता है। उसकी सामायिक निरर्थक है।

—सावय. 313

❋ ❋ ❋

पापकारी प्रवृत्तियों का निरोध

6. सामायिक की साधना से पापकारी प्रवृत्तियों का निरोध हो जाता है।

—उत्त.सू. 29/9

❋ ❋ ❋

54. स्वाध्याय

स्वाध्याय श्रेष्ठ तप

1. बाह्याभ्यंतर बारह तपों में स्वाध्याय के समान तप न तो है, न हुआ है और न होगा।

—*भ.आ. 107*

* * *

दु:खों से मुक्ति

2. स्वाध्याय करते रहने से समस्त दु:खों से मुक्ति मिलती है।

—*उत्त.सू. 26/10*

* * *

सब भावों का प्रकाशन

3. स्वाध्याय सब भावों (विषयों) को प्रकाशित करनेवाला है।

—*उत्त.सू. 26/37*

* * *

ज्ञानावरणीय कर्म

4. स्वाध्याय से ज्ञानावरण (ज्ञान को आच्छादित करनेवाले) कर्म का क्षय होता है।

—*उत्त.सू. 29/18*

* * *

शास्त्र का अर्थ

5. शास्त्र का बार-बार अध्ययन कर लेने पर भी यदि उसके अर्थ (आशय) की साक्षात्-स्पष्ट अनुभूति न हुई हो तो वह अध्ययन वैसा ही अप्रत्यक्ष है जैसा कि जन्मांध के समक्ष चंद्रमा प्रकाशमान होते हुए भी अप्रत्यक्ष रहता है।

—*बृ.क.भा. 1224*

* * *

स्वाध्याय के प्रकार

6. स्वाध्याय पाँच प्रकार के हैं—

1. **वाचना :** यथासमय विधिपूर्वक, आगम-वाङ्मय का अध्ययन, अध्यापन करना।
2. **प्रच्छना :** पठित विषय में विशेष स्पष्टीकरण हेतु पूछना, शंका-समाधान करना।
3. **परिवर्तना :** अधीत ज्ञान की पुनरावृत्ति करना, सीखे हुए को बार-बार दुहराना।
4. **अनुप्रेक्षा :** अर्थ पर आगमानुसार चिंतन-मनन करना।
5. **धर्मकथा :** श्रुत धर्म का विवेचन-विश्लेषण करना।

—*उत्त.सू. 30/34*

* * *

दोषों से स्खलित नहीं

7. जैसे प्रमाद दोष से गिरी हुई सूत्र सहित सुई गुम नहीं होती (खोजने पर मिल जाती है) उसी तरह शास्त्र-स्वाध्याय से युक्त पुरुष प्रमाद दोष से स्खलित होने पर भी नष्ट नहीं होता (जाग्रत् होते ही आत्मस्वरूप पा लेता है।)

—*मू. 971*

* * *

स्वाध्याय से प्राप्त गुण

8. स्वाध्याय से आत्महित का ज्ञान, बुरे भावों का संवरण, नित्य नया संवेग-भववैराग्य, चारित्र में निश्चलता, तप, उत्तम भाव और परोपदेशकता—ये गुण उत्पन्न होते हैं।

—*भ.आ. 100*

* * *

शिक्षा के सूत्र

55. शिक्षा

कौन शिक्षा प्राप्त करेगा?

1. जो सदा गुरुकुल में वास करता है, जो समाधियुक्त होता है, जो उपधान तप करता है, जो प्रिय करता है, जो प्रिय बोलता है, वह शिक्षा प्राप्त कर सकता है।

—उत्त.सू. 11/14

❊ ❊ ❊

शिक्षा में बाधक

2. इन पाँच स्थानों या कारणों से शिक्षा प्राप्त नहीं होती : 1. अभिमान, 2. क्रोध, 3. प्रमाद, 4. रोग, 5. आलस्य।

—उत्त.सू. 11/3

❊ ❊ ❊

निद्रा

3. निद्रालु विद्याभ्यासी नहीं हो सकता।

—वृहत्कल्पभाष्य. 3385

❊ ❊ ❊

शिक्षाशील

4. इन आठ स्थितियों या कारणों से व्यक्ति शिक्षाशील—शिक्षा के योग्य कहा जाता है—1. हँसी-मजाक नहीं करना, 2. इंद्रिय और मन का सदा दमन

करना, 3. किसी का रहस्योद्घाटन न करना, 4. अशील (आचार-विहीन) न होना, 5. विशील-दोषों से कलंकित न होना, 6. अति रसलोलुप न होना, 7. अक्रोधी रहना, 8. सत्यरत होना।

—उत्त.सू. 11/4-5

❊ ❊ ❊

चित्त की एकाग्रता

5. अध्ययन के द्वारा व्यक्ति को ज्ञान और चित्त की एकाग्रता प्राप्त होती है। वह स्वयं धर्म में स्थित होता है और दूसरों को भी स्थित करता है तथा अनेक प्रकार के श्रुत का अध्ययन कर वह श्रुतसमाधि में अभिरत हो जाता है।

—दश.सू. 9/4/3

❊ ❊ ❊

आचार्य

6. जैसे एक दीप से सैकड़ों दीप जल उठते हैं और वह स्वयं भी जलता रहता है, वैसे ही आचार्य होते हैं, वे स्वयं प्रकाशान्वित रहते हैं और दूसरों को भी प्रकाशित करते हैं। —उत्त.नि. 8

❊ ❊ ❊

शिक्षा प्रदाता

7. आचार्य वे हैं, जो कर्म को क्षय करनेवाली शुद्ध दीक्षा और शुद्ध शिक्षा देते हैं।

—बो.पा. 16

❊ ❊ ❊

दीक्षा सार्थक नहीं

8. यदि ज्ञान और तदनुसार आचरण नहीं है तो उस साधक की दीक्षा सार्थक नहीं है। *—व्य.भा. 7/215*

❊ ❊ ❊

56. विनय

जिन-शासन का मूल

1. विनय जिन-शासन का मूल है। संयम तथा तप से विनीत बनना चाहिए। जो

विनय से रहित है, उसका कैसा धर्म और कैसा तप?

—उप.मा. 1/341

❋ ❋ ❋

विनयी शिष्य

2. जैसे दुष्ट घोड़ा बार-बार चाबुक की अपेक्षा रखता है, वैसे विनीत शिष्य बार-बार अनुशासन की अपेक्षा न रखें, गुरु को बार-बार कहने का अवसर न दें। जिस प्रकार विनीत घोड़ा चाबुक को देखकर ही उन्मार्ग को छोड़ देता है, उसी प्रकार विनयवान शिष्य गुरुजनों की दृष्टि को देखकर पाप का, पापमय पथ का, दूषित मार्ग का त्याग कर देता है।

—उत्त.सू. 1/12

❋ ❋ ❋

सुविनीत

3. अविनीत को विपत्ति प्राप्त होती है और सुविनीत को संपत्ति—ये दो बातें जिसने जान ली है, वही शिक्षा प्राप्त कर सकता है।

—दश.सू. 9/2/22

❋ ❋ ❋

धर्म का मूल विनय

4. वृक्ष के मूल से सबसे पहले स्कंध पैदा होता है। स्कंध से शाखाएँ और शाखाओं से दूसरी छोटी-छोटी प्रशाखाएँ निकलती हैं। उनसे पत्ते निकलते हैं; तदंनतर क्रमशः फूल, फल और रस उत्पन्न होते हैं।
इसी तरह धर्म का मूल विनय है और मोक्ष उसका अंतिम लक्ष्य है। विनय के द्वारा ही मनुष्य बड़ी जल्दी शास्त्रज्ञान और कीर्ति संपादन करता है। अंत में निःश्रेयस् (मोक्ष) भी इसी के द्वारा प्राप्त होता है।

—दश.सू. 9/2/1,2

❋ ❋ ❋

विनीत

5. शत्रु भी विनयशील व्यक्ति का मित्र बन जाता है।

—निशीथ चूर्णि 26

विनययुक्त विद्या

6. विनयपूर्वक पढ़ी गई विद्या, लोक-परलोक में सर्वत्र फलवती होती है। विनयहीन विद्या उसी प्रकार निष्फल होती है, जिस प्रकार जल बिना धान्य की खेती।

—बृ.क.भा. 5203

❋ ❋ ❋

अनुशासन

7. निर्भय और विवेकशील शिष्य गुरुजन के परुस-कठोर अनुशासन को भी हितकर मानते हैं, किंतु मूर्खों के लिए वही क्षमा और चित्त-विशुद्धि का हेतु अनुशासन, द्वेष का निमित्त बन जाता है। *—निशीथ चूर्णि 1/29*

❋ ❋ ❋

उत्तम गति

8. जो गुरुजन के निर्देशवर्ती हैं, आज्ञाकारी हैं, जो गीतार्थ, श्रुत-धर्म के गूढ़ तत्त्वों के ज्ञाता हैं, जो विनय में कोविद-चतुर हैं, वे इस दुस्तर संसार-समुद्र को तैर कर, कर्मों का क्षय कर उत्तम गति को प्राप्त होते हैं। *—दश, 9/2/24*

❋ ❋ ❋

आभ्यंतर तप

9. विनय स्वयं एक तप है (किंतु) आभ्यंतर तप होने से वह श्रेष्ठ धर्म भी है।

—प्रश्न.सू. 2/3

❋ ❋ ❋

दुर्विनीत

10. जो व्यक्ति दुर्विनीत है, उसे सदाचार की शिक्षा नहीं देनी चाहिए। भला जिसके हाथ-पैर कटे हुए हैं, उसे कंकण और कुंडल आदि अलंकार क्यों दिए जाएँ?

—बृ.क.भा. 782

❋ ❋ ❋

57. विवेक

यतनापूर्वक जीवन

1. साधक यतनापूर्वक चले, यतनापूर्वक खड़ा हो, यतनापूर्वक बैठे तथा यतनापूर्वक

सोए। इस प्रकार इन सब क्रियाओं को यतनापूर्वक करता हुआ, यतनापूर्वक भोजन करता हुआ, यतनापूर्वक संभाषण करता हुआ वह (साधक) पाप-कर्म का, अशुभ का बंध नहीं करता।

—*दश.सू. 4/8*

***

विवेक युक्त प्रवृत्ति

2. तप, नियम, संयम, स्वाध्याय, ध्यान, आवश्यक आदि योगों में जो यतना (विवेक) युक्त प्रवृत्ति है, वही मेरी वास्तविक यात्रा है।

—*भ.सू. 18/207*

***

निर्लेप

3. यदि साधक प्रत्येक कार्य यतना (विवेक) से करता है, तो वह जल में कमल की भाँति जगत् में निर्लेप रहता है।

—*प्र.सा. 3/18*

***

58. सहिष्णुता

अव्यथित चित्त

1. क्षुधा, प्यास व दुःशैय्या, विषमभूमि-युक्त वासस्थान, सर्दी, गरमी, अरति, भय—इन सब कष्टों को मुमुक्षु अव्यथित चित्त से सहन करे। समभाव से सहन किए गए दैहिक कष्ट महाफल के हेतु होते हैं।

—*दश.सू. 8/27*

***

अम्लान मन

2. ज्ञानी इस प्रकार देखें, 'मैं ही इन कष्टों से पीड़ित नहीं हूँ, लोक में अन्य प्राणी भी इनसे पीड़ित होते हैं।' ऐसा सोचकर कष्ट पड़ने पर वह उन्हें अम्लान मन से समभावपूर्वक सहन करे।

—*सू.कृ.सू. 1/2/1/13*

विचलित न हो

3. जिस तरह महान् पर्वत वायु के झोंके से कंपित नहीं होता, उसी तरह व्रत-प्रतिपन्न पुरुष को सम-विषम, ऊँच-नीच, अनुकूल-प्रतिकूल परिषहों के स्पर्श करने पर विचलित या धर्मच्युत नहीं होना चाहिए।

—सू.कृ.सू. 1/11/37

* * *

पूर्व कर्मों के फल

4. व्रती पुरुष उपसर्ग तथा तीव्र परिषह को ऋणमोचन-कर्ज चुकाने की तरह मानता है। वह जानता है कि ये तो मेरे द्वारा पूर्वजन्म में संचित किए गए कर्मों के ही फल हैं। —द्वा.अनु. 110

* * *

सब बलों का नाश

5. जगत् में कर्म अतिशय बलवान होता है। उससे बलवान अन्य कुछ नहीं होता। जैसे हाथी कमलिनियों के वन का नाश कर डालता है, वैसे ही कर्म सब का नाश कर देता है।

—भ.आ. 1621

* * *

59. वाणी विवेक

विवेकी पुरुष

1. विवेकी पुरुष बिना पूछे नहीं बोलता, न बीच में बोलता है, न चुगली ही खाता है और कपटपूर्ण झूठ से दूर रहता है।

—दश.सू. 8/47

* * *

भाषा के प्रकार

2. भाषा चार प्रकार की होती है—1. सत्य, 2. असत्य, 3. सत्यासत्य, 4. न सत्य-न-असत्य-न सत्यासत्य (व्यवहार भाषा)।

—दश.चू. 7/1

विवेक

3. दूसरे का छोटा गुण भी महान् व्यक्ति को प्रसन्न करता है, किंतु उसे अपने बड़े गुण में भी संतोष नहीं होता है। शील और विवेक का यह इतना ही सार है।

—गउडवहो 76

***

सत्य भाषा बोलें

4. प्रज्ञावान उपरोक्त चारों भाषाओं को अच्छी तरह जानकर सत्य और असत्य इन दो भाषाओं से व्यवहार करना सीखें और एकांत मिथ्या या सत्यासत्य इन दो भाषाओं को कभी न बोलें।

—दश.सू. 7/1

***

'काने' को 'काना' नहीं कहें

5. विवेकी पुरुष काने को 'काना', नपुंसक को 'नपुंसक', रोगी को 'रोगी' और चोर को 'चोर' नहीं कहते।

—दश.सू. 7/12

***

बैरी

6. वाणी से बोले हुए दुष्ट और कठोर वचन जन्म-जन्मांतर के बैर और भय के कारण बन जाते हैं।

—दशा.सू. 9/3/4

***

वाचालता रहित बोलें

7. आत्मार्थी पुरुष दृष्ट, परिमित, असंदिग्ध, परिपूर्ण-पूर्वापर संबंध सहित, वचन बोलते हैं। उनके वचन वाचालता रहित तथा किसी को भी उद्विग्न करनेवाले नहीं होते।

—दश.सू. 8/49

बीच में नहीं बोलें

8. रत्नाधिक—अपने से चारित्र-पर्याय में बड़े जब बोलते हों, विचार-विनिमय करते हों तो उनके बीच में नहीं बोलना चाहिए।

—आव.नि. 2/3/3/6

❋ ❋ ❋

अहितकर भाषा

9. जिससे अप्रीति-द्वेष उत्पन्न हो, दूसरा शीघ्र कुपित हो, ऐसी अहितकर भाषा विवेकी पुरुष सर्वथा नहीं बोलते।

—दश.सू. 8/48

❋ ❋ ❋

सोचविचार कर बोलें

10. जहाँ कोई किसी से बातचीत कर रहा हो, विवेकशील पुरुष उनके बीच में नहीं बोलते, मर्मभेदी बात नहीं कहते और मायापूर्ण छल-कपट युक्त वचनों का प्रयोग नहीं करते, जो भी बोलते हैं, सोचकर बोलते हैं।

—सू.कृ.सू. 1/9/25

❋ ❋ ❋

भावना का महत्त्व

11. जिस भाषा को बोलने पर, चाहे वह सत्य हो या असत्य, चरित्र की शुद्धि होती है तो वह सत्य ही है और जिस भाषा के बोलने पर चारित्र की शुद्धि नहीं होती, चाहे वह सत्य ही क्यों न हो, असत्य ही है अर्थात् साधक के लिए शब्द का नहीं, भावना का महत्त्व है।

—दश.चू. 7

❋ ❋ ❋

बुद्धि से परखकर बोलें

12. पहले बुद्धि से परखकर फिर बोलना चाहिए। अंधा व्यक्ति जिस प्रकार पथ-प्रदर्शक की अपेक्षा रखना है, उसी प्रकार वाणी बुद्धि की अपेक्षा रखती है।

—व्या.भा.पी. 76

वचन की फलश्रुति

13. वचन की फलश्रुति है—अर्थज्ञान। जिस वचन के बोलने से अर्थ का ज्ञान नहीं हो, उस वचन से क्या लाभ?

—वि.भा. 1513

***

वाणी का विनय

14. हित-मित, मुदु और विचारपूर्वक बोलना वाणी का विनय है।

—दश.नि. 322

***

60. अप्रमाद

अप्रमाद

1. प्रमाद को कर्म (आस्रव) और अप्रमाद को अकर्म (संवर) कहा है। प्रमाद के होने से मनुष्य बाल (अज्ञानी) हो जाता है। प्रमाद के न होने से मनुष्य पंडित (ज्ञानी) होता है।

—सू.कृ.सू. 1/8/3

***

अप्रमत्त को भय नहीं

2. प्रमत्त को सब ओर से भय रहता है। अप्रमत्त को किसी ओर से भी भय नहीं रहता।

—आचा.सू. 1/3/4/2

***

प्रमाद के प्रकार

3. मद्य, विषय, कामभोग, कषाय, निद्रा और विकथा (अर्थहीन, राग-द्वेषवर्द्धक वार्ता)—ये पाँच प्रकार के प्रमाद हैं। इनसे विरत होना ही अप्रमाद है।

—उत्त.नि. 180

***

अप्रमत्त विचरण करें

4. विवेकवान पुरुष सोए हुए व्यक्तियों के बीच भी जाग्रत् रहता है। प्रमाद में

विश्वास नहीं करता। कालक्रम अत्यधिक भयानक है। शरीर दुर्बल है। इसलिए वह भारंड पक्षी (एक काल्पनिक पक्षी, जिसके दो मुँह और एक शरीर होता है) की भाँति अप्रमत्त होकर विचरण करता है।

—उत्त.सू. 4/6

❋ ❋ ❋

आलसी सुखी नहीं

5. आलसी सुखी नहीं हो सकता, निद्रालु विद्याभ्यासी नहीं हो सकता, ममत्व रखनेवाला वैराग्यवान नहीं हो सकता और हिंसक दयालु नहीं हो सकता।

—नि.भा. 5307

❋ ❋ ❋

सतत जाग्रत् रहो

6. मनुष्यो! सतत जाग्रत् रहो। जो जागता है, उसकी बुद्धि बढ़ती है। जो सोता है, वह धन्य नहीं है। धन्य वह है, जो सदा जागता है।

—इसि. 35/22

❋ ❋ ❋

कल का काम आज करें

7. जो कर्तव्य कल करना है, वह आज ही कर लेना अच्छा है। मृत्यु अत्यंत निर्दयी है, वह कब आकर दबोच ले, मालूम नहीं; क्योंकि वह आती हुई दिखाई नहीं पड़ती।

—बृ.क.भा. 4674

❋ ❋ ❋

धर्माचरण में शीघ्रता

8. धर्माचरण करने में शीघ्रता करनी चाहिए, क्षण भर भी प्रमाद नहीं करना चाहिए। जीवन का क्षण-क्षण विघ्नों से भरा है, इसमें एक संध्या की भी प्रतीक्षा नहीं करनी चाहिए।

—बृ.क.भा. 4675

वर्तमान का महत्त्व

9. जो क्षण वर्तमान में उपस्थित है, वही महत्त्वपूर्ण है, अत: उसे सफल बनाना चाहिए।

—सू.कृ.सू. 1/2/3/19

***

अर्थयुक्त ग्रहण करें

10. अर्थयुक्त, सारभूत बातें ही ग्रहण कीजिए, निरर्थक बातें छोड़ दीजिए।

—उत्त.सू. 1/8

***

कर्मों को क्षीण करें

11. जिस तरह अग्नि पुराने या सूखे काठ को शीघ्र ही भस्म कर डालती है, उसी तरह सतत अप्रमत्त रहनेवाला आत्मसमाहित, नि:स्पृह साधक कर्मों को कुछ ही क्षणों में क्षीण कर देता है।

—आचा.सू. 1/4/3/33

***

अप्रमत्त ज्ञान

12. सोते हुए का श्रुत (ज्ञान) सुप्त रहता है, प्रमत्त रहनेवाले का ज्ञान शंकित एवं स्खलित हो जाता है। जो अप्रमत्त भाव से जाग्रत् रहता है, उसका ज्ञान सदा स्थिर एवं परिचित-समुपस्थित रहता है।

—बृ.क.भा. 3384

***

कर्म बंध का मूल

13. कर्म-बंध का मूल प्रमाद है।

—नि.चू. 6689

***

61. अभय

भयभीत मनुष्य

1. भयभीत मनुष्य पर अनेकों भय आकर झटपट हमला कर देते हैं। डरपोक

आदमी सदा अकेला तथा असहाय होता है। भयाकुल मनुष्य ही भूत-प्रेत-पिशाचादि का शिकार होता है। स्वयं भयभीत हुआ व्यक्ति दूसरों को भी भयभीत कर देता है।

—प्रश्न.सू. 2/2/125

❋ ❋ ❋

संयम को तिलांजलि

2. भयभीत साधक तप और संयम को भी तिलांजलि दे देता है। वह किसी महत्त्वपूर्ण कार्य के दायित्व को निभा नहीं पाता और न सत्पुरुषों द्वारा आचरित मार्ग पर चलने में ही समर्थ होता है। *—प्रश्न. सू. 2/2/125*

❋ ❋ ❋

मृत्यु से भी नहीं डरें

3. आकस्मिक भय से, व्याधि से, कुष्ठ आदि भयानक बीमारियों से अथवा विशिष्ट आधि-मानसिक पीड़ाओं से, व्यथाओं से, रोग-अन्यान्य रुग्णताओं से, बुढ़ापे से और तो क्या मृत्यु से भी कभी किसी को डरना नहीं चाहिए।

—प्रश्न.सू. 2/2/125

❋ ❋ ❋

अभयदान

4. मृत्यु भय से भयभीत जीवों की रक्षा करना ही अभयदान है। यह सब दानों का शिरोमणि है। *—वसु.श्रा. 238*

❋ ❋ ❋

दृढ जिनभक्ति

5. जिसके हृदय में संसार के प्रति वैराग्य उत्पन्न करनेवाली, शल्यरहित, दंभ, शून्य, मेरुवत, निष्प्रकंप और दृढ जिनभक्ति है, उसे संसार में किसी तरह का भय नहीं है। *—भ.आ. 745*

❋ ❋ ❋

सर्वदा निःशंक

6. जो (सम्यग्दृष्टि जीव) सप्त भय से मुक्त होते हैं, वे सर्वदा निःशंक होते हैं।

—स.सा. 228

निर्भय

7. साधक को निर्भय होकर विचरण करना चाहिए।

—नि. भा. 273

***

62. आहार-विवेक

रसपूर्ण आहार त्यागें

1. रसों का अधिक मात्रा में सेवन नहीं करना चाहिए। रस प्रायः मनुष्यों की धातुओं को उद्दीप्त करते हैं। जिनकी धातुएँ उद्दीप्त होती हैं, उन्हें काम-भोग उसी प्रकार सताते हैं, जिस प्रकार स्वादिष्ट फलवाले वृक्ष को पक्षी।

—उत्त. सू. 32/10

***

अतिभोजन हितकारी नहीं

2. जैसे पवन के झोंकों के साथ, प्रचुर ईंधनवाले वन में लगा हुआ दावानल उपशांत नहीं होता, उसी प्रकार ठूँस-ठूँसकर खानेवाले पुरुष की इंद्रियाग्नि (कामाग्नि) शांत नहीं होती। इसलिए अति भोजन किसी भी ब्रह्मचारी के लिए हितकर नहीं होता।

—उत्त. सू. 32/11

***

अल्प आहार

3. साधक स्वाध्याय में प्रवृत्ति के लिए आवश्यक हो उतना ही आहार ग्रहण करते हैं, स्वाद के लिए बहुत आहार ग्रहण नहीं करते।

—मू. 810

***

गरिष्ठ भोजन

4. स्निग्ध, सरस-गरिष्ठ भोजन तथा अति मात्रा में भोजन आत्मगवेषी पुरुष के लिए तालपुट-तत्काल प्राणघातक विष की तरह होता है।

—उत्त. सू. 16/12-13

वर्जनीय आहार

5. साधक के लिए विषय विकार को शीघ्र बढ़ानेवाला प्रणीत स्निग्ध-सरस भक्त-पान वर्जनीय है।

—उत्त.सू. 16/7

❊ ❊ ❊

स्निग्ध आहार

6. अति स्निग्ध आहार करने से विषय-वासना उद्दीप्त हो उठती है।

—आव.नि. 1280

❊ ❊ ❊

हितकारी, मितकारी

7. जो व्यक्ति हिताहारी, मिताहारी और अल्पाहारी हैं, उन्हें किसी वैद्य से चिकित्सा कराने की आवश्यकता नहीं पड़ती। वे स्वयं ही अपने चिकित्सक हैं, वैद्य हैं।

—ओ.नि. 578

❊ ❊ ❊

समयानुकूल आहार

8. ज्ञान आदि मोक्ष के साधन हैं और ज्ञान आदि का साधन शरीर है। शरीर का साधन आहार है। अतः मनुष्य को समयानुकूल आहार करना चाहिए।

—नि.भा. 4159

❊ ❊ ❊

63. सत्संग

सत्संग से लाभ

1. सत्संग से धर्मश्रवण, धर्मश्रवण से तत्त्वज्ञान, तत्त्वज्ञान से विज्ञान (विशिष्ट तत्त्वबोध), विज्ञान से प्रत्याख्यान (सांसारिक पदार्थों से विरक्ति-तितिक्षा), प्रत्याख्यान से संयम, संयम से अनास्रव (नवीन कर्मों का निरोध), अनास्रव से तप, तप से पूर्वबद्ध कर्मों का नाश, पूर्व बद्ध कर्मनाश से निष्कर्मता (सर्वथा कर्मरहित स्थिति) और निष्कर्मता से सिद्धि (मुक्त स्थिति) प्राप्त होती है।

—भ.सू. 2/111

नाना विकल्प

2. एकाकी रहनेवाले साधक के मन में प्रतिक्षण नाना प्रकार के विकल्प उत्पन्न एवं विलीन होते रहते हैं। अत: सज्जनों की संगति में रहना ही श्रेष्ठ है।

—बृ.क.भा. 5719

* * *

दुर्जन की संगति

3. दुर्जन की संगति से सज्जन भी निश्चय ही अपने गुण को वैसे ही छोड़ देते हैं, जैसे जल अग्नि के संयोग से अपने शीतलतामय स्वभाव को।

—भ.आ. 344

* * *

बोधि की वृद्धि

4. संगति से ही बोधि की वृद्धि होती है और संगति से ही वह नष्ट हो जाती है। जैसे कमल आदि की गंध के संसर्ग से जल सुगंधित हो जाता है और अग्नि आदि के संबंध से उष्ण और विरस।

—मू. 945

* * *

मानवीय कर्म

5. सहज सरलता, सहज विनम्रता, दयालुता और अमत्सरता—ये चार प्रकार के व्यवहार मानवीय कर्म हैं, इनसे आत्मा मानव जन्म पाती है।

—सू.कृ. सूत्र 414

* * *

निरभिमानी

6. निरभिमानी मनुष्य जन और स्वजन—सभी को सदा प्रिय लगता है। वह ज्ञान, यश और संपत्ति प्राप्त करता है तथा अपना प्रत्येक कार्य सिद्ध कर सकता है।

—भग.आ. 1379

* * *

कल्याणकारी मित्र

7. जितेंद्रिय और प्रज्ञाशील साधक सम्यक्त्व और अहिंसा को सम्यक् प्रकार से

जानकर सदैव कल्याणकारी मित्र का ही साथ देवें।

—*इसि. 33/17*

* * *

संगति का फल

8. दुर्जन की संगति करने से सज्जन का भी महत्त्व गिर जाता है, जैसे कि मूल्यवान माला मुरदे पर डाल देने से निकम्मी हो जाती है।

—*भ.आ. 345*

* * *

64. सदाचार

अर्थयुक्त पद सीखें

1. सदा शांत रहें, वाचाल न हों, ज्ञानी पुरुषों के समीप रहकर अर्थयुक्त पदों (आगमों) को सीखें। निरर्थक बातों को छोड़ें।

—*उत्त.सू. 1/8*

* * *

अनुशासन रखें

2. विवेकी पुरुष अनुशासन से कुपित न हों। वे क्षमाशीलता धारण करें तथा क्षुद्र जनों की संगति न करें, उनके साथ हास्य और क्रीड़ा का वर्जन करें।

—*उत्त.सू. 1/9*

* * *

क्रोधावेश में न बोले

3. क्रोधावेश में न बोलें। बहुत न बोलें। यथासमय स्वाध्याय करें। तत्पश्चात् एकाकी ध्यान करें।

—*उत्त.सू. 1/10*

* * *

प्रतिकूल आचरण

4. वचन से या कर्म से, प्रकट रूप में या प्रच्छन्न रूप में, ज्ञानी पुरुषों के प्रतिकूल आचरण कभी भी न करें।

—*उत्त.सू. 1/17*

अनुमोदित व्यवहार

5. जो व्यवहार धर्म से अनुमोदित है और ज्ञानी पुरुषों ने जिसका सदा आचरण किया है, उस व्यवहार का आचरण करनेवाला पुरुष कभी भी गर्हा-निंदा को प्राप्त नहीं होता।

—उत्त.सू. 1/42

* * *

कुसंग

6. आम और नीम दोनों के मूल जमीन में एकत्रित होने से नीम के संसर्ग से आम भी खारेपन को प्राप्त करता है अर्थात् दुर्जन की संगत से सज्जन भी दुर्जन हो जाता है।

—संबोधसत्तरी 62

* * *

विविध पद

65. चतुर्भङ्गी

चार प्रकार के पुरुष

1. चार प्रकार के पुरुष हैं—
   कुछ पुरुष रूप-वेश छोड़ देते हैं, किंतु धर्म नहीं छोड़ते।
   कुछ धर्म छोड़ देते हैं, किंतु वेष नहीं छोड़ते।
   कुछ वेष भी छोड़ देते हैं और धर्म भी छोड़ देते हैं।
   कुछ ऐसे होते हैं, जो न वेष छोड़ते हैं और न धर्म ही छोड़ते हैं।

—व्य.सू. 10/14

❋ ❋ ❋

चार प्रकार के पुत्र

2. चार प्रकार के पुत्र होते हैं—
   कुछ पुत्र गुणों की दृष्टि से अपने पिता से बढ़कर होते हैं। कुछ पिता के समान होते हैं और कुछ पिता से हीन होते हैं। कुछ पुत्र वंश का सर्वनाश करनेवाले कुलांगार होते हैं।

—स्था.सू. 4/1/34

❋ ❋ ❋

भेंट और सहवास

3. कुछ मनुष्यों की भेंट अच्छी होती है; किंतु सहवास अच्छा नहीं होता। कुछ का सहवास अच्छा रहता है, भेंट नहीं। कुछ की भेंट भी अच्छी होती है और सहवास भी अच्छा होता है। कुछ का न सहवास अच्छा होता है और न भेंट

ही अच्छी होती है।

—*स्था. सू. 4/1/107*

* * *

पशु-योनि

4. कपट, धूर्तता, असत्य-वचन और कूट तोल माप—ये चार तरह के व्यवहार पशु-कर्म हैं। इनसे जीव पशु-योनि में जाते हैं।

—*स्था. सू. 4/4/629*

* * *

मानवीय कर्म

5. सहज सरलता, सहज विनम्रता, दयालुता, अमत्सरता—ये चार तरह के व्यवहार मानवीय कर्म हैं। इनसे जीव मानव-जन्म पाते हैं।

—*स्था. सू. 4/4/630*

* * *

शास्त्राध्ययन के योग्य नहीं

6. चार पुरुष शास्त्राध्ययन के योग्य नहीं होते—अविनीत, चटोरा, झगड़ालू और धूर्त्त।

—*स्था. सू. 4/3/452*

* * *

चार प्रकार के मेघ

7. चार प्रकार के मेघ बतलाए गए हैं—
कुछ मेघ गरजते हैं, बरसते नहीं। कुछ बरसते हैं, गरजते नहीं। कुछ गरजते भी हैं, बरसते भी हैं। कुछ न गरजते हैं और न बरसते हैं।

—*स्था. सू. 4/4/533*

* * *

चार प्रकार के दानी

8. मेघ के समान दानी भी चार प्रकार के होते हैं—कुछ बोलते हैं, देते नहीं। कुछ देते हैं, किंतु कभी बोलते नहीं। कुछ बोलते भी हैं और देते भी हैं। कुछ न बोलते हैं और न देते हैं।

—*स्था. सू. 4/4/533*

66. दृष्टांत

पश्चाताप

1. जिस तरह कोई गाड़ीवान जान-बूझकर समतल और विशाल मार्ग को छोड़कर विषम मार्ग में पड़ जाता है और गाड़ी की धुरी टूट जाने से शोक-पश्चाताप करता है, उसी तरह धर्म को छोड़कर अधर्म में पड़नेवाला अज्ञानी जीवन की धुरी टूट जाने पर मृत्यु के मुख में पड़ा हुआ पश्चाताप करता है।

—उत्त.सू. 5/14/15

❋ ❋ ❋

व्यवहार में धर्म

2. तीन वणिक मूल पूँजी को लेकर घर से निकले। उनमें से एक ने लाभ उठाया, दूसरा मूल को लेकर वापिस लौटा और तीसरा मूल पूँजी को भी खोकर आया। जैसे व्यवहार में यह उपमा है, वैसे ही धर्म के विषय में भी जानें, समझें।

—उत्त.सू. 7/14-15

❋ ❋ ❋

दुश्चरित्र

3. जैसे सड़े हुए कानोंवाली कुतिया सब जगह से दुतकारी जाती है, निकाली जाती है, उसी तरह दु:शील-दुश्चरित्र तथा गुरुजनों के ज्ञानियों के प्रतिकूल आचरण करनेवाला और वाचाल (तथाकथित) साधक सब जगह तिरस्कृत होता है, निकाला जाता है।

—उत्त.सू. 1/4

❋ ❋ ❋

अभव्य जीव

4. अभव्य जीव चाहे कितने ही शास्त्रों का अध्ययन कर ले, किंतु फिर भी वह अपनी प्रकृति (स्वभाव) नहीं छोड़ता। साँप चाहे कितना ही दूध पी ले, किंतु निर्विष नहीं होता, अपना विषैला स्वभाव नहीं छोड़ता।

—स.सा. 317

छिपकर पाप करना

5. जिस प्रकार कोई लुक-छिपकर विष पी लेता है तो क्या वह उस विष से नहीं मरेगा? अवश्य मरेगा। उसी प्रकार जो छिपकर पाप करता है, तो क्या वह उससे दूषित नहीं होगा? अवश्य होगा।

—सू.कृ.नि. 52

❋ ❋ ❋

67. सूक्ति-कण

मन की परख

1. जो अपने मन को अच्छी तरह परखना जानता है, वही सच्चा निर्ग्रंथ-साधक है।

—आचा.सू. 2/15/778/2

❋ ❋ ❋

दूसरों का तिरस्कार

2. जो दूसरों का परिभव अर्थात् तिरस्कार करता है, वह दीर्घकाल तक संसार के आवागमन के चक्र में भटकता रहता है।

—सू.कृ.सू. 1/2/2/2

❋ ❋ ❋

वर्तमान का महत्त्व

3. जो क्षण वर्तमान में उपस्थित है, वही महत्त्वपूर्ण है, यह जानकर उसे सफल बनाना चाहिए।

—सू.कृ.सू. 1/2/3/19

❋ ❋ ❋

जलस्पर्श (स्नान) से सिद्धि नहीं

4. यदि जलस्पर्श (स्नान) से ही सिद्धि प्राप्त होती हो तो पानी में रहनेवाले अनेक जीव कभी के मोक्ष प्राप्त कर लेते।

—सू.कृ.सू. 1/7/14

दूसरों की बात कहनी उचित नहीं

5. भिक्षु (मुनि) कानों से बहुत सी बातें सुनता है, आँखों से बहुत कुछ देखता है, किंतु देखी-सुनी बहुत सी बातें लोगों में कहना उचित नहीं है।

—दश. सू. 8/20

❋ ❋ ❋

सद्बोध का अवसर

6. सद्बोध प्राप्त करने का अवसर बार-बार मिलना सुलभ नहीं होता।

—दश. चू. 1/14

❋ ❋ ❋

सारभूत ग्रहण करें

7. मोक्षोपयोगी आगमों को अर्थयुक्त (सारभूत) बातों को ही सीखना चाहिए, निरर्थक बातें छोड़ देनी चाहिए।

—उत्त. सू. 1/8

❋ ❋ ❋

देह की सँभाल

8. पूर्वकृत कर्मों को क्षीण करने के लिए ही इस देह की सार-सँभाल रखनी चाहिए।

—उत्त. सू. 6/14

❋ ❋ ❋

मात्र अध्ययन नहीं

9. अध्ययन कर लेने मात्र से वेद (शास्त्र) रक्षा नहीं कर सकते।

—उत्त. सू. 14/12

❋ ❋ ❋

धर्म की धुरा

10. धर्म की धुरा को खींचने के लिए धन की क्या आवश्यकता है? वहाँ तो सदाचार की जरूरत है।

—उत्त. सू. 14/17

वैयावृत्त्य (सेवा)

11. वैयावृत्त्य (सेवा) से आत्मा तीर्थंकर होने जैसे उत्कृष्ट पुण्य-कर्म का उपार्जन करती है।

—उत्त.सू. 29/43

❋ ❋ ❋

जुए में अंधा

12. आँखों से अंधा मनुष्य, आँख के अतिरिक्त बाकी सब इंद्रियों से जानता है, किंतु जुए में अंधा हुआ मनुष्य सब इंद्रियाँ होने पर भी किसी इंद्रिय से कुछ नहीं जान पाता।

—वसु.श्रा. 66

❋ ❋ ❋

धैर्यशील

13. वह कौन-सा कठिन कार्य है, जिसे धृतिमान्-धैर्यशील व्यक्ति संपन्न नहीं कर सकता?

—बृ.क.भा. 1357

❋ ❋ ❋

प्रयत्नरहित

14. जो प्रयत्नरहित है, उसका गुण-दोष में परिणत हो जाता है।

—बृ.क.भा. 3181

❋ ❋ ❋

नारी का आभूषण

15. नारी का आभूषण शील और लज्जा है। बाह्य आभूषण उसकी शोभा नहीं बढ़ाते।

—बृ.क.भा. 4118

❋ ❋ ❋

शोचनीय

16. वह शोचनीय नहीं है, जो अपनी साधना में दृढ रहता हुआ कालगत हो गया है, मृत्यु को प्राप्त हो गया है। शोचनीय तो वह है, जो संयम से भ्रष्ट होकर

जीवित घूमता-फिरता है।

—*नि.भा. 1717*

❋ ❋ ❋

समयानुकूल आहार

17. ज्ञान आदि मोक्ष के साधन हैं और ज्ञान आदि का साधन देह है, देहार्थ अर्थात् देह को टिकाए रखने के लिए आहार आवश्यक है। अत: साधक को समयानुकूल आहार की अनुज्ञा दी गई है।

—*बृ.क.भा. 5281*

❋ ❋ ❋

वेदना

18. संसार में भूख के सदृश कोई वेदना-पीड़ा, कष्ट नहीं है।

—*पिंड.नि. 663*

❋ ❋ ❋

वन में रहने मात्र से ज्ञान

19. यदि कोई वन में रहने मात्र से ही ज्ञानी और तपस्वी हो जाए तो फिर सिंह, बाघ आदि भी ज्ञानी, तपस्वी हो सकते हैं।

—*आव.चू. 1/7/1*

❋ ❋ ❋

ज्ञान का ऐश्वर्य

20. जिनके पास ज्ञान का ऐश्वर्य है, उन साधु पुरुषों को और क्या ऐश्वर्य चाहिए?

—*सू.कृ.चू. 1/14*

❋ ❋ ❋

कार्य की निष्पत्ति

21. जान लेने मात्र से कार्य की निष्पत्ति-सिद्धि नहीं हो जाती।

—*आ.नि. 1151*

❋ ❋ ❋

अपने दोष

22. दुर्जन दूसरों के राई और सरसों जितने दोष भी देखता रहता है; किंतु अपने

बिल्व (बेल) जितने बड़े दोषों को देखते हुए भी अनदेखा कर देता है।

—उत्त.नि. 140

❋ ❋ ❋

आत्मबोध से रहित

23. भले ही व्रत, नियम को धारण करें, तप और शील का आचरण करें, किंतु जो परमार्थरूप आत्मबोध से रहित हैं, वे कभी निर्वाण प्राप्त नहीं कर सकते।

—स.सा. 153

❋ ❋ ❋

अज्ञानी

24. जो ऐसा मानता है कि 'मैं दूसरों को दु:खी या सुखी करता हूँ', वह वस्तुत: अज्ञानी है। ज्ञानी ऐसा कभी नहीं मानता।

—स.सा. 253

❋ ❋ ❋

समय पर काम

25. जो समय पर अपना कार्य कर लेते हैं, वे बाद में पछताते नहीं।

—सू.कृ.सू. 1/3/4/15

❋ ❋ ❋

गोपनीय

26. किसी की कोई गोपनीय बात हो, तो उसे दूसरों को नहीं कहना चाहिए।

—सू.कृ.सू. 1/9/26

❋ ❋ ❋

निर्देशक गुरु

27. सूर्योदय के होने पर भी (प्रकाश होने पर भी) चक्षुष्मान ही देख सकता है, जिस प्रकार आँख के बिना नहीं देखा जा सकता, वैसे ही स्वयं में कोई कितना ही चतुर क्यों न हो, निर्देशक गुरु के अभाव में तत्त्वदर्शन नहीं कर सकता।

—सू.कृ.सू. 1/14/13

धर्म गाँव में भी, वन में भी

28. धर्म गाँव में भी हो सकता है और अरण्य में भी, वन में भी; क्योंकि वस्तुतः धर्म का संबंध न गाँव से है और न अरण्य से ही, वह तो अंतरात्मा से है।

—आचा.सू. 1/8/1/202

❋ ❋ ❋

ज्ञान अन्य है

29. शास्त्र ज्ञान नहीं है, क्योंकि शास्त्र स्वयं में कुछ नहीं जानता है। इसलिए ज्ञान अन्य है और शास्त्र अन्य है।

—स.सा. 390

❋ ❋ ❋

सुव्रती

30. भिक्षु हो, चाहे गृहस्थ हो, जो सुव्रती है, व्रतों का सुचारु रूप में पालन करता है, वह दिव्यगति प्राप्त करता है।

—उत्त.सू. 5/22

❋ ❋ ❋

दूसरों का तिरस्कार

31. जिस प्रकार विषैले काँटोंवाली लता से वेष्टित होने पर अमृत वृक्ष का भी कोई आश्रय नहीं लेता, उसी प्रकार दूसरों का तिरस्कार करनेवाले और दुर्वचन बोलनेवाले विद्वान् को भी कोई नहीं पूछता।

—बृ.क.भा. 6092

❋ ❋ ❋

मानव जाति एक

32. समग्र मानव जाति एक है। *—आ.नि. 19*

❋ ❋ ❋

68. अंतिम उपदेश

अस्थिर जीवन

1. जैसे रातों के बीतने पर समय आने पर वृक्ष के पत्ते पीले पड़ते हुए पृथ्वी पर

झड़ जाते हैं, उसी तरह मनुष्य जीवन भी आयु शेष होने पर समाप्त हो जाता है। हे गौतम (जीव)! क्षण भर के लिए भी प्रमाद मत कर।

—उत्त.सू. 10/1

* * *

प्रमाद नहीं करें

2. जैसे कुश की नोक पर लटका हुआ ठहरा हुआ ओस-बिंदु कुछ ही समय के लिए टिकता है, मनुष्य जीवन भी वैसा ही अस्थिर है। हे जीव! क्षणभर के लिए भी प्रमाद मत कर।

—उत्त.सू. 10/2

* * *

अनासक्ति

4. जैसे कमल शरद ऋतु के निर्मल जल से भी निर्लिप्त रहता है, वैसे ही तू अपनी सारी आसक्तियों को छोड़, सारे स्नेह बंधनों को तोड़ डाल। हे जीव! क्षणभर के लिए भी प्रमाद मत कर।

—उत्त.सू. 10/28

* * *

अब तट पर क्यों बैठा?

5. विशाल सागर को तू तिर चुका। अब तट पर आकर क्यों बैठ गया है? पार पहुँचने के लिए शीघ्रता कर। हे जीव! क्षणभर के लिए भी प्रमाद मत कर।

—उत्त.सू. 10/34

* * *

शरीर जीर्ण हो रहा है

6. तेरा शरीर जीर्ण होता जा रहा है, केश पककर सफेद हो चले हैं, शरीर का सब बल क्षीण होता जा रहा है। हे जीव! क्षणभर के लिए भी प्रमाद मत कर।

—उत्त.सू. 10/26

* * *

शांति मार्ग पर बढ़

7. तू गाँव में या नगर में संयत, बुद्ध और उपशांत होकर विचरण कर, शांति-मार्ग

पर बढ़। हे जीव! क्षणभर के लिए भी प्रमाद मत कर।

—उत्त.सू. 10/36

❋ ❋ ❋

69. जिनवाणी का सार

तीर्थंकर का उपदेश

1. जो तुम अपने लिए चाहते हो, वही दूसरों के लिए भी चाहो तथा जो तुम अपने लिए नहीं चाहते, वह दूसरों के लिए मत चाहो। यही जिनशासन है—तीर्थंकर का उपदेश है।

—बृ.क.भा. 4584

❋ ❋ ❋

आचरण का फल

2. प्ररूपणा का सार है—आचरण। आचरण का सार (अंतिम फल) है—निर्वाण!

—आचा.नि. 17

❋ ❋ ❋

जिनवाणी का सार

3. अंगों का अंगसाहित्य का (जिनवाणी का) सार क्या है? उनका सार आचार है।

—आचा.नि. 16

❋ ❋ ❋

4. जिस प्रकार स्वर्ण अग्नि से तप्त होने पर भी अपने स्वर्णत्व को नहीं छोड़ता, वैसे ही ज्ञानी भी कर्मोदय के कारण उत्तप्त होने पर भी अपने स्वरूप को नहीं छोड़ते।

—स.सा. 150

❋ ❋ ❋

उत्तराध्ययन सूत्र से दृष्टांत और कथाएँ

(महावीर की बोध कथाएँ)

1. कपिल केवली

'जैसे-जैसे लाभ होता है, लोभ बढ़ता जाता है।'

कौशांबी निवासी कपिल कुमार श्रावस्ती में अपने पिता के मित्र पं. इंद्रदत्त के पास अध्ययन के लिए रहता था। भोजन के लिए श्रेष्ठि शालीभद्र के यहाँ जाता था। वहाँ श्रेष्ठी की एक दासी से उसका परिचय हुआ, जो अंत में प्रेम में बदल गया।

एक बार श्रावस्ती में कोई जन्मोत्सव होनेवाला था। वह दासी वहाँ जाना चाहती थी, लेकिन उनके पास उपयुक्त वस्त्र नहीं थे तथा खर्च के लिए पैसा नहीं था। उसे उसकी सहेलियों ने बताया कि वहाँ का राजा प्रात:काल सबसे पहले बधाई देनेवाले व्यक्ति को दो माशा सोना देता है। कपिल सबसे पहले पहुँचने के लिए मध्यरात्रि को ही घर से निकल गया। नगर रक्षकों ने उसे चोर समझकर पकड़ लिया तथा प्रात: राजा के पास उपस्थित किया।

कपिल शांत था। राजा ने पूछा तो उसने स्पष्ट सबकुछ बता दिया। उसकी सरलता और सत्यवादिता से प्रभावित होकर राजा ने कहा कि तुझे जो भी चाहे माँग ले, मैं मनचाहा दे दूँगा। कपिल काफी समय तक सोचता रहा कि क्या माँगूँ? उसकी माँग दो माशे, चार माशे, दस माशे, सौ माशे से बढ़ती-बढ़ती हजारों स्वर्ण मुद्राओं तक पहुँच गई। तभी उसके चिंतन को गहरा झटका लगा, 'दो माशा स्वर्ण से पूरा होनेवाला कार्य हजारों स्वर्ण मुद्राओं से भी पूरा नहीं हो रहा है। यह इच्छाओं का गड्ढा कितना दुष्पूर है ?' बस कपिल का मन विरक्त हो गया। उसने राजा से

कहा, 'महाराज! मुझे कुछ भी नहीं चाहिए।' और वह निर्ग्रंथ भिक्षु बन गया। इसी कपिल ने बाद में सौ चोरों को विरक्ति, विवेक और संयम का मार्ग बताया। (उत्तरा. सूत्र. अध्याय 9)

—उत्तरा. सूत्र., अध्याय 8

✻✻✻

2. नमिराजर्षि

'जहाँ अनेक है, वहाँ दुःख है, पीड़ा है, जहाँ एक है, वहाँ शांति है।'

मिथिला के राजा नमि एक बार छह मास तक दाह ज्वर से पीड़ित रहे। अनेक उपचार कराए पर कोई लाभ नहीं हुआ। एक वैद्य ने शरीर पर चंदन का लेप बताया। रानियाँ चंदन घिसने लगीं। चंदन घिसते समय हाथों के कंगन परस्पर टकराए, राजा कंगन की आवाज सहन नहीं कर सके। रानियों ने सौभाग्यसूचक केवल एक-एक कंगन रखा, बाकी सब उतार दिए। आवाज बंद हो गई। राजा ने पूछा, 'क्या चंदन घिसना बंद कर दिया?' रानियों ने कहा, 'सबने केवल एक-एक कंगन रखा है। अतः आवाज बंद हो गई।'

राजा के मन के भाव बदल गए। वह सोचने लगा, जहाँ अनेक है, वहाँ संघर्ष है, दुःख है, पीड़ा है, जहाँ एक है वहाँ पूर्ण शांति है। जहाँ शरीर, मन, धन और परिवार है वहाँ दुःख है। जहाँ केवल एक आत्मभाव है, वहाँ दुःख नहीं है।' राजा संसार से विरक्त हो गया।

देवराज इंद्र राजा की परीक्षा लेने आया। उन्होंने अनेक प्रश्न पूछे। राजा ने सबका समाधानपूर्वक उत्तर दिया। अंत में राजा ने कहा, 'बाहर के हजारों शत्रुओं को जीतने की अपेक्षा केवल एक अपनी आत्मा को जीतना बहुत कठिन है। वही वास्तविक विजय है।' इंद्र उनके उत्तर से प्रभावित हुआ और उनसे क्षमा माँगकर चला गया।

—उत्तरा. सूत्र. अध्याय 9

✻✻✻

3. द्रुमपत्रक

'हे जीव! क्षण भर भी प्रमाद मत कर।'

इस सूत्र में भगवान् महावीर द्वारा गौतम गणधर को दिया हुआ उद्‌बोधन संकलित है। इस सूत्र में जीवन की अस्थिरता, नश्वरता, मानव-जीवन की दुर्लभता एवं शरीर एवं इंद्रियों की क्रमशः क्षीणता की शिक्षा दी हुई है। शुरू में ही वृक्ष

के पीले और जर्जरित पत्ते को डाली से गिरते देखकर भगवान् महावीर ने गणधर गौतम को अप्रमत्तता का सारगर्भित उपदेश दिया। इस अध्ययन में मात्र 37 पद ही, उनमें से 36 पदों में लिखा है—

'समयं गोयम मा पमायए'

अर्थात् हे गौतम! क्षणभर भी प्रमाद मत करो। प्रश्न उठता है कि भगवान् ने 36 बार 'क्षणभर भी प्रमाद मत करो' क्यों कहा? संघ में सैकड़ों नवदीक्षित तथा गौतम के पश्चात् दीक्षित साधुओं को सर्वज्ञ-सर्वदर्शी होते देख गौतम का मन अधीर हो उठा था। अतः भगवान् ने उन्हें ही सुस्थित करने के लिए यह संबोधन विशेष रूप से दिया होगा।

दूसरा कारण है—जैन आगम अधिकतर गौतम की जिज्ञासाओं एवं महावीर के संबोधनों से भरा है। हो सकता है, गौतम ने दूसरे साधकों के लिए कुछ प्रश्न पूछे हों। इसका अर्थ है—संबोधन केवल गौतम का है, परंतु प्रतिबोध सबके लिए है।

प्रमाद का अर्थ होता है—धर्म के प्रति अनुत्साह। इस सूत्र के सभी पद जीवन में उत्साह, साहस एवं जागृति भरनेवाले हैं।

—उत्तरा. सूत्र. अध्याय 10

***

4. इषुकारीय

'कमलावती' रानी ने किया राजा की भावना का परिवर्तन।'

प्राचीन काल में इषुकार नाम का नगर था, उसके राजा का नाम भी इषुकार था तथा रानी का नाम था कमलावती। उनके राजपुरोहित का नाम था भृगु और उसकी पत्नी का नाम था यशा। उनके दो पुत्र थे। एक दिन एक देव ने भविष्यवाणी की कि तुम्हारे दोनों पुत्र बचपन में ही दीक्षा ग्रहण कर लेंगे। अतः यशा अपने पुत्रों को समझाती, 'तुम कभी साधुओं के पास मत जाना, वे छोटे बच्चों को उठाकर ले जाते हैं।' अतः बालक साधुओं से डरते रहते थे। एक दिन वह गाँव के बाहर खेल रहे थे। अचानक उसी रास्ते दो साधु आए। बालक जल्दी से एक पेड़ पर चढ़ गए। वे साधु भी उसी वृक्ष के नीचे आए तथा उन्होंने स्थान को साफ कर, रजोहरण से चींटियों को हटाया तथा यतनपूर्वक भोजन किया। बालकों का भय दूर हुआ और वे साधुओं के पास आए। साधुओं ने उन्हें प्रतिबोध दिया। उन्होंने संयम लेने का निर्णय लिया। घर आकर उन्होंने माता-पिता को अपना निर्णय बताया। माता-पिता

ने उनको बहुत समझाया पर नहीं मानने पर उन दोनों ने भी उनके साथ संयम लेने का निर्णय लिया।

भृगु पुरोहित के पास विपुल मात्रा में धन-संपत्ति थी। तत्कालीन परंपरा के अनुसार वह राज भंडार में उस संपत्ति को जमा कराने ले गया। कमलावती रानी को यह सूचना मिली तो उसने राजा को समझाया, 'जीवन क्षणिक है और तुम भृगु पुरोहित की संपत्ति को ले रहे हो। यह तो दूसरों के वमन को चाटने के समान है।' यह सुनने पर राजा के हृदय का परिवर्तन हो जाता है। राजा और रानी दोनों भोगों से विरक्त हो जाते हैं और संयम स्वीकार करने का संकल्प लेते हैं। इस प्रकार राजा और रानी, पुरोहित और उसकी पत्नी तथा दोनों बालक, छहों व्यक्ति दीक्षा ले लेते हैं।

—उत्तरा. सूत्र. अध्याय 14

* * *

5. संजयीय

'अगर तुम अभय चाहते हो तो दूसरों को भी अभय दो।'

कांपिल्य नगर का राजा संजय एक बार शिकार खेलने के लिए जंगल में गया। साथ में सेना भी थी। उन्होंने अनेक हिरणों का शिकार किया। बहुत से हिरण घायल हुए, बहुत से मर गए। वहीं लतामंडप में एक मुनि ध्यान कर रहे थे। राजा ने सोचा कि ये हिरण मुनि के हैं। वह भयभीत हुआ। उसने अपराध के लिए मुनि से क्षमा माँगी। ध्यान खुलने पर मुनि ने कहा, 'राजन! मेरी ओर से तुम्हें अभय है। तुमने यह महान् अनर्थ किया है। तुम भी दूसरों को अभय देनेवाले बनो।' मुनि के उपदेश से राजा मुनि बन गया और साधना में निमग्न हो गया। प्रस्तुत अध्ययन में मुनि द्वारा दिया हुआ उपदेश विस्तार से वर्णित है।

—उत्तरा. सूत्र. अध्याय 18

* * *

6. महानिर्ग्रंथ

'तुम स्वयं अनाथ हो, तुम मेरे नाथ कैसे बन सकते हो?'

एक बार राजगृह के निकट एक उद्यान में राजा श्रेणिक घूमने गए। वहाँ राजा ने एक वृक्ष के नीचे ध्यान करते हुए एक तरुण मुनि को देखा। मुनि के रूप और सौंदर्य को देखकर राजा आश्चर्यचकित हो गया। उसने मुनि से पूछा, 'तुम

युवावस्था में हो, यह उम्र सांसारिक सुख भोगने के लिए है। तुम मुनि कैसे बन गए।'

मुनि ने कहा, 'राजन! मैं अनाथ हूँ।' मुनि के उत्तर पर राजा ने कहा, 'मैं तुम्हारा नाथ बनता हूँ। तुम मेरे राजमहल में चलो। मैं तुम्हें सब प्रकार की सुख-सुविधाएँ प्रदान करूँगा। मुनि ने कहा, 'राजन! तुम स्वयं अनाथ हो। तुम मेरे नाथ कैसे बन सकते हो? श्रेणिक ने कहा, 'मैं मगध का राजा हूँ। मैं अनाथ कैसे हूँ?' मुनि ने कहा, 'आप अनाथ और सनाथ की परिभाषा नहीं जानते। धन-संपत्ति और ऐश्वर्य होने मात्र से कोई सनाथ नहीं होता। मैं अपने पिता का प्रिय पुत्र था। पिता के पास ऐश्वर्य की कोई कमी नहीं थी। किंतु एक समय मेरी आँखों में तीव्र वेदना हुई। बड़े-बड़े चिकित्सक आए पर वे मेरी वेदना को ठीक नहीं कर सके। मेरी माँ, भाई, बहन और पत्नी ने मेरी खूब सेवा की पर पीड़ा कम नहीं हुई। मेरा कोई त्राण नहीं था, यही मेरी अनाथता थी।'

एक दिन रात को मैंने चिंतन किया, 'ये धन, परिजन आदि सब मिथ्या है। इनका आश्रय छोड़े बिना मुझे शांति नहीं मिलेगी। मैं प्रातः होते ही सब संग छोड़कर मुनि बन जाऊँगा और दूसरे दिन मैं मुनि बन गया।' राजा ने श्रद्धापूर्वक मुनि की वंदना की और ध्यान में बाधा डालने के लिए क्षमा माँगी।

—उत्तरा. सूत्र. अध्याय 20

* * *

7. अरिष्टनेमी

'पशुओं की पुकार ने करुणा का मार्ग बताया।'

राजा समुद्रविजय के चार पुत्र थे। उनमें से अरिष्टनेमी सबसे बड़े थे। राजा उग्रसेन की पुत्री राजीमती से उनका विवाह निश्चित हुआ था। जब वे विवाह मंडप के निकट पहुँचे तो विवाह की खुशी में बजाए जानेवाले वाद्यों के बीच भी उनको बाड़ों और पिंजरों में बंद पशु-पक्षियों का कोलाहल सुनाई दिया। उन्होंने सारथी से पूछा, 'ये पशु-पक्षी क्यों बंद कर रखे हैं?' उसने उत्तर दिया, 'महाराज! आपके विवाह के उपलक्ष्य में भोज दिया जाएगा, उसी के हेतु इन हजारों पशु-पक्षियों को बंद कर रखा है। उनका मांस बारातियों को परोसा जाएगा।' अरिष्टनेमी ने सुना तो आगे नहीं जा सके। उन्होंने सारथी को सभी पशु-पक्षियों को छोड़ने की आज्ञा दी तथा बारात को छोड़कर वापिस लौट गए। करुणा के सागर अरिष्टनेमी विरक्त

होकर मुनि बन गए। बाद में उनके छोटे भाई अरिष्टनेमी तथा राजकुमारी राजीमती भी दीक्षित हुई।

—उत्तरा. सूत्र. अध्याय 22

❋ ❋ ❋

8. रथनेमी

'राजीमती के ओजस्वी वचनों ने रथनेमी को बदला।'

एक दफे राजीमती अनेक राजकन्याओं के साथ, जो उनके साथ ही दीक्षित हुई थी, रैवतक पर्वत पर जा रही थी। अचानक जोर की वर्षा ने सभी को स्थान खोजने के लिए विवश कर दिया। घना अंधकार छा गया था। भागती-भागती वे एक गुफा में पहुँची तथा सुखाने के लिए वहाँ अपने वस्त्रों को फैलाया। रथनेमी भी वहीं पर ध्यानस्थ थे। उसने यथाजात (नग्न) रूप में राजीमती को देखाा। उसका मन विचलित हो गया। उसी समय बिजली चमकी तो राजमती ने भी उसको देखा। अपनी दोनों भुजाओं से शरीर को आवृत कर वह बैठ गई।

रथनेमी ने उसको कहा, 'हे सुंदरी! मैं रथनेमी हूँ। तू मुझे स्वीकार कर। आओ, हम अभी भोगों को भोगें तथा बाद में पुनः जिन-मार्ग में दीक्षित होंगे।' राजीमती ने कहा, 'हे रथनेमी! मैं तुम्हारे भाई की परित्यक्ता हूँ और तुम मुझसे विवाह करना चाहते हो? क्या यह वमन किए को चाटने के समान घृणास्पद नहीं है? यदि तू जिस किसी स्त्री को देखकर ऐसे ही राग-भाव करेगा तो वायु से कंपित वनस्पति की तरह अस्थिर हो जाएगा। तुझे शर्म आनी चाहिए।'

उस संयता के ओजस्वी वचनों को सुनकर रथनेमी पुनः धर्म में स्थिर हो गए।

—उत्तरा. सूत्र. अध्याय 22

❋ ❋ ❋

9. केशि-गौतमीय

'पक्षमुक्त संवादों से श्रुत और शील का उत्कर्ष होता है।'

केशीकुमार भगवान् पार्श्वनाथ की परंपरा के चतुर्थ पट्टधर शिष्य थे। गौतमस्वामी भगवान् महावीर के प्रथम गणधर थे। एक बार दोनों का ही श्रावस्ती में चातुर्मास था। उन दोनों की परंपराओं में कुछ बातों को लेकर न केवल विचार-भेद था, किंतु आचार भेद भी था। केशी कुमार और गौतम को जब यह बात मालुम हुई तब उन्होंने सोचा कि हमें मिलकर आपस में बातचीत करके इन मतभेदों का समाधान खोजना चाहिए।

गणधर गौतम ने यह सोचकर कि परंपरा की दृष्टि से वे मुझसे बड़े हैं, मुझे उनसे मिलने जाना चाहिए। अत: वे केशी कुमार श्रमण के ठहरने के स्थान पर आए। केशीकुमार ने उनका योग्य स्वागत किया।

केशीकुमार ने पूछा कि हम सबका लक्ष्य एक है पर हम दोनों में विभिन्नताएँ क्यों है? कोई चातुर्याम (चार महाव्रत) धर्म का पालन करता है तो कोई पंचयाम (पाँच महाव्रत) का पालन करता है, कोई चेलक है तो कोई अचेलक है। हमारी मान्यताओं और धारणाओं में उक्त विविधता का क्या रहस्य है?

गौतम ने समादर उत्तर दिया, 'हमारा मूल लक्ष्य एक है, इसमें संदेह नहीं है। जो विविधता नजर आ रही है, वह समय की बदलती हुई गति के कारण आई है। बाह्याचार और वेष का लोक प्रतीति ही प्रयोजन है। मुक्ति के वास्तविक साधन तो ज्ञान, दर्शन और चारित्र ही है।

केशीकुमार गौतम के समाधान से प्रसन्न हुए। उन्होंने भगवान् महावीर की संघ-व्यवस्था को स्वीकार किया।

—उत्तरा. सूत्र. अध्याय 23

***

10. हरिकेशी मुनि

'चांडाल व्यक्ति भी आध्यात्मिक विकास कर सकता है।'

पूर्वजन्म के जातीय अहंकार के कारण हरिकेशीबल चांडाल कुल में उत्पन्न हुआ। वह शरीर से कुरूप तथा स्वभाव से क्रूर था। एक दिन वह एक बड़े उत्सव में गया। वहाँ एक भयंकर सर्प निकला। लोगों ने उसे तत्काल मार दिया। थोड़ी देर में एक अलसिया निकला, लोगों ने उसे मारा नहीं, दूर फेंक दिया। वह सोचने लगा, 'क्या मेरी क्रूरता के कारण ही सब मुझे मारते हैं। मुझे दयालु बनना चाहिए। उसे जातिस्मरण ज्ञान हुआ और वह मुनि हो गया। वह साधना और तप में संलग्न हो गया। एक दिन वह एक उद्यान में ठहरा था। वहाँ एक वृक्ष पर एक यक्ष रहता था। वह मुनि के तप से प्रभावित होकर उनकी सेवा करने लगा। एक दिन राजा की राजकुमारी आई। उसने घृणा से उन पर थूक दिया। यक्ष क्रोधित हुआ और उसने राजकुमारी को बीमार कर दिया। राजा के आने पर यक्ष ने कहा, 'इसे कोई ठीक नहीं कर सकता। अगर वह मुनि से विवाह करे तो मैं ठीक कर दूँगा। राजा ने यह

बात स्वीकार कर ली, लेकिन मुनि ने कहा कि मैं विरक्त हूँ, मैं शादी नहीं कर सकता। यक्ष ने दया करके राजकुमारी को ठीक कर दिया।

एक दिन मुनि मासोपवास की तपस्या करके एक यज्ञमंडल में भिक्षार्थ पहुँचे। ब्राह्मणों ने उनका अपमान किया तथा भिक्षा नहीं दी। यक्ष ने ब्राह्मणों को प्रताड़ित किया तथा कहा कि ये महान् तपस्वी भिक्षु है, इनका अपमान मत करो। ब्राह्मणों ने क्षमा माँगी। मुनि ने यज्ञ का वास्तविक स्वरूप समझाया तथा उनको बोध दिया।

—उत्तरा. सूत्र. 12

***

शास्त्रों की संकेत-सूची

अ.सा.	:	अध्यात्मसार
अमित.श्रा.	:	अमितगति श्रावकाचार
अर्ह.प्र.	:	अर्हत् प्रवचन
आचा.चू.	:	आचारांगचूर्णि
आचा.नि.	:	आचारांगनिर्युक्ति
आचा.सू.	:	आचारांगसूत्र
आतुर प्र.	:	आतुर प्रत्याख्यान
आत्म.	:	आत्मावबोधकुलकम
आव.चू.	:	आवश्यकचूर्णि
आव.नि	:	आवश्यकनिर्युक्ति
आ.सू.	:	आवश्यकसूत्र
ओ.नि.	:	ओघनिर्युक्ति
औप.सू.	:	औपपातिकसूत्र
इसि.	:	इसिभासियाइ
उत्त.चू.	:	उत्तराध्ययनचूर्णि
उत्त.नि.	:	उत्तराध्ययननिर्युक्ति
उत्त.सू.	:	उत्तराध्ययनसूत्र
उप.मा.	:	उपदेशमाला
उपा.सू.	:	उपासकदशांगसूत्र
क.सू.	:	कल्पसूत्र
का.अनु.	:	कार्त्तिकेयानुप्रेक्षा
काम.कथ.	:	कामघट कथानक

कु.अ.	:	कुंदकुंद अनुप्रेक्षा
कु.श्रा.	:	कुंदकुंद श्रावकाचार
त.सा.	:	तत्त्वसार
द.पा.	:	दर्शनपाहुड
दश.नि.	:	दशवैकालिकनिर्युक्ति
दश.चू.	:	दशवैकालिकचूर्णि
दश.चूलि.	:	दशवैकालिकचूलिका
दश.सू.	:	दशवैकालिकसूत्र
दशा.सू.	:	दशाश्रुतस्कंधसूत्र
द्र.सं.	:	द्रव्य-संग्रह
द्वा.अनु.	:	द्वादशानुप्रेक्षा
ध्या.श.	:	ध्यानशतक
नंदी.	:	नंदीसूत्र
नय.	:	नयचक्र
नि.चू.	:	निशिथचूर्णि
नि.भा.	:	निशिथभाष्य
नि.सा.	:	नियमसार
पंच.सं.	:	पंचसंग्रह
पंचा.	:	पंचास्तिकाय
पिंड.नि.	:	पिंडनिर्युक्ति
प्र.सा.	:	प्रवचनसार
प्रश्न.सू.	:	प्रश्नव्याकरणसूत्र
बृ.क.भा	:	बृहद्कल्पभाष्य
भ.आ.	:	भगवती आराधना
भ.प.	:	भक्तपरिज्ञा
भा.पा.	:	भावपाहुड
भ.सू.	:	भगवतीसूत्र
म.प्र.प्र.	:	महाप्रत्याख्यानप्रकीर्णक
म.स.प्र.	:	मरणसमाही प्रकीर्णक
मू.	:	मूलाचार
मो.पा.	:	मोक्षपाहुड

र.सा. : रयणसार

राज. : राजवार्तिक

वसु.श्रा. : वसुनंदिश्रावकाचार

व्य.भा. : व्यवहारभाष्य

व्य.सू. : व्यवहारसूत्र

वि.भा. : विशेषावश्यकभाष्य

शी.पा. : शीलपाहुड

स.सा. : समयसार

स.सू. : समणसुत्तं

सम.सू. : समवायांगसूत्र

सावय. : सावयपण्णत्ति

सू.कृ.चू. : सूत्रकृतांगचूर्णि

स.कृ.सू. : सूत्रकृतांगसूत्र

सू.पा. : सूत्रपाहुड

स्था.सू. : स्थानांगसूत्र

ज्ञाता. : ज्ञाताधर्मकथा

❑❑❑

* 9 7 8 9 3 8 6 3 0 0 2 1 8 *

FCW - #0093 - 061026 - C0 - 216/140/10 - PB - 9789386300218 - Matt Lamination